JN120095

ビジネスを
加速させる

小林 雄樹

本書をお読みいただく上での注意点

●本書に記載した会社名、製品名などは各社の商号、商標、または登録商標です。

●本書で紹介しているアプリケーション、サービスの内容、価格表記については、2020年9月29日時点での内容になります。

●これらの情報については、予告なく変更される可能性がありますので、あらかじめご了承ください。

はじめに

あなたは現在日本の景気が良いと感じていますか？　もし景気が悪いと感じているのであれば、その環境を変える必要があるかもしれません。僕のまわりの起業家は「ここ数年、景気が良い」と口を揃えて話していますし、コロナの影響も受けることなく売上を伸ばしている企業も多いです。半ば信じられない話かもしれませんが、これには大きな理由があります。それが本書でお話するFacebook広告です。

Facebook広告はAIを活用したウェブ集客手段の一つで、購入まで至ったユーザーと似たユーザーに向けて広告を配信できるため、費用対効果が抜群でFacebook広告を導入した企業は以前では考えられないスピードで売上を作り、利益を上げ、会社を拡大しています。こうした技術の進歩によって優位に戦う人たちがいる一方、今までの働き方や集客手段しか知らずに効率が悪い経営、働き方をしている人達も多いです。

こうした事実を知ったあなたは一体どちらの戦い方を今後選んでいくべきだと考えますか？

ウィズコロナの時代に入り、働き方もどんどん変化しています。特にインターネットを使った仕事の重要性がさらに加速し、AIを使った仕事の効率化を図る企業も増えています。AIを活用した仕事だけではなく、AIに仕事を奪われる時代が来ると言われています。

それが顕著に現れているのがウェブ広告の分野であり、その中でも特にAIによる集客に優れているのがFacebook広告です。僕がFacebook広告を使い始めたのは5年以上前になりますが、その頃からFacebook広告は他の広告媒体に比べて、AIの能力が高く、費用対効果がものすごく良いという特徴がありました。

Facebook広告は反応の良い広告を見つけると、AIが最適なユーザーに広告を配信し続けてくれるので、大きなメンテナンスなどしなくても長い間売上や利益をもたらしてくれる集客手段です。もちろんウェブ広告なので僕らが寝ている間も、旅行している間も稼いでくれますし、2018年の北海道胆振東部地震で僕が被災した際も、僕自身はブラックアウトで何もできない状況でありながら、Facebook広告は集客を続けて、売上・利益を出してくれていました。

コロナ禍の中でも巣ごもり需要が増えたことで、大きな売上を出しているECサイトは多く、やはりFacebook広告をうまく活用し、検索広告では獲得できない潜在的なユーザーを獲得することで大きな売上を作っていた経緯があります。そうした一般的にはピンチの際にも継続した売上を出してくれるFacebook広告を失敗せずに導入する方法を本書では詰め込みました。

AIに淘汰される側ではなく、使いこなし自分のスキルとして使いこなして収入をアップさせるきっかけに本書が役立ってくれれば嬉しいです。

小林雄樹

目　次

Chapter 1 Facebook広告で顧客獲得と売上UPを加速させる

Chapter 2 Facebookページを作成してコンテンツを充実させよう

Chapter 3 Facebook広告の集客を成功させるための準備

Chapter 4

Facebook広告で売上を増やすための運用方法とは？

目　次

Chapter 5 広告の費用対効果を上げるための広告の改善手段を知ろう

Chapter 6 利益率を飛躍的に上げるためにやるべきこと

Chapter 01

Facebook広告で顧客獲得と売上UPを加速させる

Facebook広告は潜在的な顧客と売上を集める集客手段

ホームページさえ作れば売上が伸びるというのは幻想です

誰でもスマートフォンを持ち、当たり前のようにインターネットにアクセスできる時代になり、店舗だけではなく、インターネットからの集客も増やしたいということでホームページを作る、ネットショップを立ち上げるという企業やお店も増えています。しかし、ホームページやネットショップを作るだけではいまいち集客効果がないなぁ、と感じていないですか？

ホームページに集客できていない原因は様々ですが、検索エンジンからの集客が十分できていないからという原因に目を向けがちです。しかし、検索エンジンからの集客というのはインターネット上のひとつの集客手段でしかありません。またGoogleやYahooなどの検索エンジンを使った検索というのが今までの常識でしたが、若い世代を中心にYouTubeやSNSで検索をするというのが検索の第一手段になっていたり、そもそも検索するという人の割合もどんどん減少しています。

実はすでにインターネット=検索という時代ではなくなり、若い世代を中心に検索して情報を探すよりも、自分が見ているニュースアプリ内に出てくる情報から買う物を決めたり、SNSから買い物をするという人の割合が増えています。検索するユーザーが少なくなっているということは、元々知らないお店や企業のホームページにたどり着いてもらうために有効な手段は検索エンジンからの集客の強化ではないということです。

SNSで買い物をする人が増えた理由には、様々な要因はありますがその大きな理由のひとつにAIによるその人に合わせたおすすめ情報を表示させるレコメンド機能が発展してきたというのがあります。ネットショップでよく見かける「この商品を買った人はこんな商品も買っています」というものや、旅行情報を調べるとツアー会社の広告がよく表示されるようになるもので、あなたも馴染みがあるのではないでしょうか。こうしたレコメンド機能は広告だけに限らず、ニュースアプリで表示される記事やSNSの

●**Instagramで買い物をしたことがあるか**

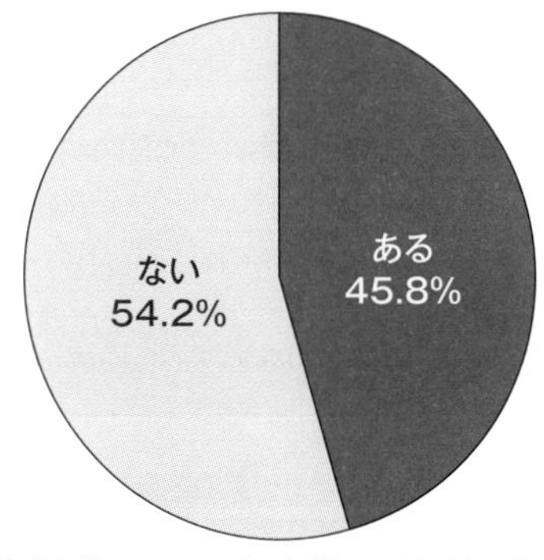

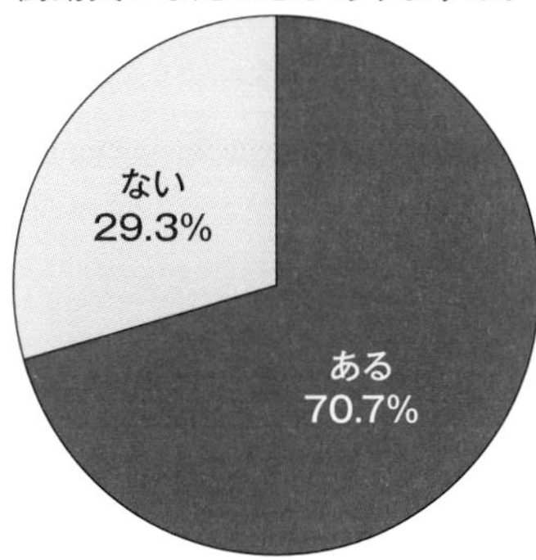

株式会社マージェリック調べ　2018年7月
https://prtimes.jp/main/html/rd/p/000000021.000020340.html

タイムラインの投稿の選別にも使われています。

そのため「情報や欲しい物を探す」という時代から「情報を受け取って欲求が生まれる」という時代に切り替わっている時に、ホームページを作って待つだけの戦略では、この先、インターネットで売上を作ることは非常に難しくなってしまいます。これからの時代は「集客しやすい場所」で「売れるページ」を用意して攻める必要があります。

そこで本書では、そうした時代の変化に合わせ、Facebook、Instagramなどの幅広い年代のユーザーが使っているSNSに広告を配信することができるFacebook広告の使い方から集客方法、売上アップの方法を解説していきます。

また、単純にホームページを広告出稿するのではなく、まだあなたの企業や商品を知らないユーザーに対してその商品の必要性や共感を生み出すためにランディングページを作成し、売上を劇的にアップする仕組みも解説していきます。ランディングページを使った広告は、テレビの通販CMのような体験談を取り入れたページを広告として出稿するため、SNSを何気なく見ているユーザーにも商品を知ってもらうい、購入につなげてもらいやすい効果が期待できます。

Facebook広告（集客しやすい場所）とランディングページ（売れるページ）を組み合わせることで、従来のキーワード選定が必要な広告よりも単純な設定で集客、売上の拡大につなげていくことができますので、ぜひ本書がその手助けになれば幸いです。

Facebook広告とは？

Facebook広告は個人でも1日数百円から、日本国内だけではなく世界中に広告を配信できる広告配信サービスです。

文字通りFacebook上に広告を配信できるわけですが、Facebookのみならず、Instagramへの広告の配信も可能ですし、月間10億人にリーチできるAudience Networkという提携している外部アプリへの広告が手軽に配信できるという強みも持っています。

従来のウェブ広告のように配信するターゲットの性別、年齢や地域を絞った配信ももちろん可能ですが、国をまたいだ広告の配信、ユーザーが使っている言語を指定しての配信、チェックインした場所に対しての配信など、Facebookの機能を生かした広告配信も可能なため、より絞り込んだユーザーに対しての広告を出稿できるという特徴を持っています。

本書ではリスティング広告との違いなどFacebook広告の基本的な知識から、Facebook広告を活用し売上を作るための考え方、準備するもの、広告運用で失敗しないための検証方法などをポイントを絞ってお伝えしていきます。

Facebook広告
https://www.facebook.com/business/ads

Facebook、Instagram、Audience Network、Messengerをまたいで広告を掲載できる広告媒体。AIの精度が高く、獲得コストが他の媒体に比べ安くなっていくので、利益が大きくなりやすいのが特徴。

→ Facebookは潜在的な悩みを持つユーザーが多い

今までのウェブ広告で主流だった検索エンジンのリスティング広告では、自社の商品を知っていて検索してきたり、すでに悩みを持っている今すぐ客の集客がメインになっていました。しかし、Facebook広告が得意とする集客はそういった「明確に悩んでいるユーザー」に加え、まだ悩みを言語化できていない段階の悩みが浅いユーザーや、検索エンジンを普段使わないネットリテラシーの低いユーザーの集客です。

●顕在層と潜在層の違い

顕在層	潜在層
• 悩みや欲しい物が明確な人 • 購入しやすいが集客コストが高い • ユーザー数が少ない	• 自分の悩みや必要なものに気づいていない • 商品の存在自体知らない • ユーザー数が非常に多い

潜在的な悩みを持つユーザー（潜在層）は、自分自身の悩みに気がついていて行動しているユーザー（顕在層）の数倍、数十倍以上いるため、こうしたユーザーを集客できるFacebook広告は売上拡大、利益拡大に非常に効果的です。

FacebookはSNSサービスなので、検索エンジンのようになにか探しものをしている状態ではなく、友人の投稿をなんとなく見ているという状態のため、気づきを与えたり、行動を促すための広告を出稿する工夫は必要ですが、大きな利益をもたらす潜在的な顧客の獲得に最適な集客手段と言えます。

リスティング広告とは考え方や集客するランディングページの構成を変える必要はありますが、潜在層の集客は今後AIを使った広告媒体が増えていくと言われていることを考慮するとできるだけ早い段階で取り入れるべき集客手段です。

→ AIが見込み客だけにアプローチする仕組み

Facebook広告には潜在層の集客に向いている理由があります。それが

AIによるユーザーの絞り込み配信機能です。

Facebook広告はAIが世界中の様々な企業が過去に出稿した履歴からあなたが出す広告に良い反応を示すであろうユーザーにだけ広告を配信し、無駄な経費をかけさせないという配信方法を採用しています。

これまでのウェブ広告は「40代女性に向けたシミ対策の商品」を販売する場合、広告を配信するユーザーを40代女性に絞っていましたが、Facebook広告の場合、過去の行動履歴から20代でも早めの対策をしたい女性、60代でもシミを作りたくない人、男性だけどシミ対策をしたい人などに向けても広告を配信し、効率良く集客を行ってくれます。

そのため広告を出稿する際にターゲットを細かく指定する必要がないため、これまでウェブ広告を使ったことがないという人でも取り入れやすい集客手段と言えます。

●Facebook広告のターゲットの絞り方

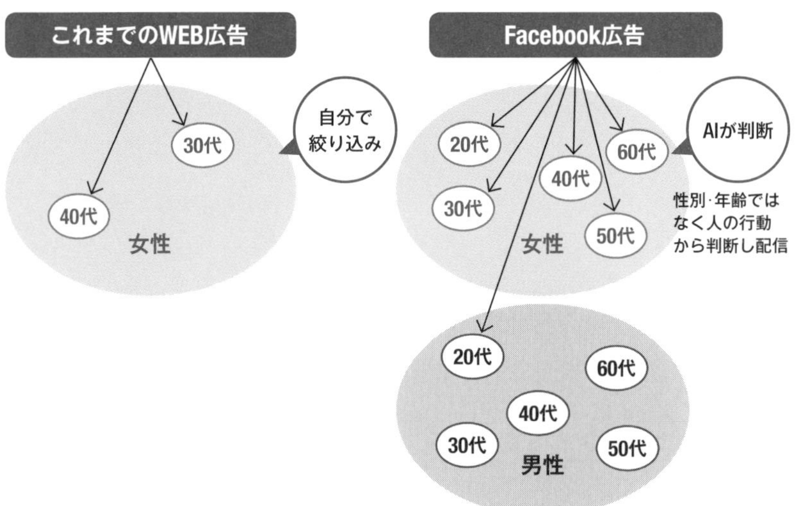

Facebook広告でできること

Facebook広告で売上拡大につなげられるビジネスは店舗型のビジネスだけではなく、アフィリエイトを含めた自社のネットショップなどで商品を販売するようなビジネスモデル、外壁塗装の見積もりの申込みなどの顧客の情報やメールアドレスを獲得したいというビジネスモデルに至るまで多岐にわたります。

店舗型のビジネスであれば、店舗への予約電話を獲得するために広告を使うことも可能ですし、「まだお店に来たことがない周辺で働いている人」だけに向けた店舗の認知度を高めるためにFacebookページの「いいね！」を増やす広告の配信というのも効果的です。

商品を販売するビジネスモデルの場合は、商品をより広いターゲットに向けてAIに配信を任せ販売層の拡大につなげることもできます。また少し変わった使い方だと、カートまで商品を入れたけど購入に至っていないユーザーに対して、3日間だけ別の広告を表示させて購入完了に至ってもらう、という広告配信をすることが可能です。

●類似オーディエンスの活用

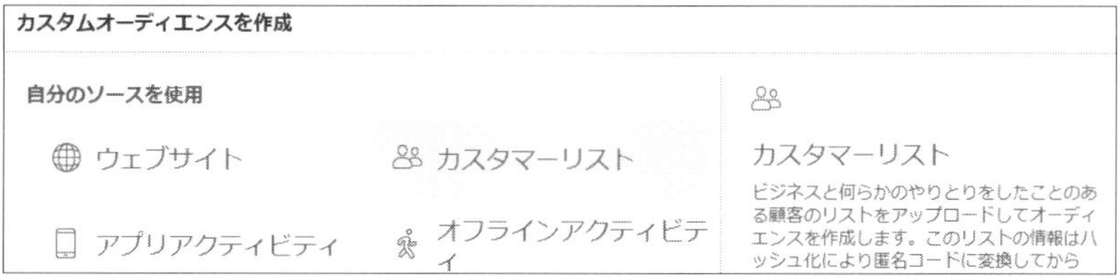

【カスタムオーディエンス】の「カスタマーリスト」からメールアドレスをアップロードし、既存顧客データを元に類似オーディエンスという既存顧客と似た属性ユーザーを抽出して広告の配信も可能です

こうした広告配信を応用することで、メルマガ読者の獲得や見積もりの申込みなどの顧客の情報やメールアドレスを獲得したいというビジネスにも応用は可能です。

すでに顧客リストがある場合、顧客のメールアドレスをFacebook広告の配信に利用することで、購入済みユーザーと類似したユーザーのみに広告を配信させるということも可能になります。このときに顧客のメールアドレスや、すでに購入したユーザーを除外するような設定もFacebook広告にはあるため、無駄な広告費をかけずに潜在的な顧客の集客だけをするという配信の方法もあります。

本書では様々なビジネスモデルに対応できるように、詳しい事例も出しながらFacebook広告の活用方法を解説していきます。

なぜリスティング広告よりもFacebook広告のほうが利益が残りやすいのか？

→ Facebook広告とリスティング広告の違い

Facebook広告は商品の必要性や自分自身の悩みにまだ気がついていない潜在的な悩みを持つ人、つまり潜在層の集客を得意とした広告です。潜在的な悩みを持つ人という言葉だけではイメージしづらい人もいるかも知れませんが、身近な潜在層向けの広告はテレビCMを例にするとわかりやすくなります。

こんな経験はないでしょうか？　ふと流れてきたCMでマクドナルドの新商品を知り食べたくなった、子供と一緒にプールに入って撮影しているCMを見てiPhoneが防水だということを知り欲しくなった。

こうしたきっかけで消費行動を起こしたということは、テレビCMによってあなたの潜在的欲求や悩みが掘り起こされたということです。こうした潜在的な欲求をウェブ広告で掘り起こすことが得意なのがFacebook広告です。AIが判断し、その人が興味を持つであろう広告をそれぞれに表示させていくため、無駄な配信を抑えることができます。

●Facebook広告の表示例

行動履歴やページの閲覧履歴を元にその人が興味を持っているであろう広告をAIが判断し表示させる（札幌の賃貸マンションのページを見た後に表示された広告）

Facebook広告とは対象的にすでに欲しい商品がわかっている、悩みの解決方法を探しているユーザー（顕在層）の集客が得意なウェブ広告がGoogleやYahooの検索エンジン上に出稿できるリスティング広告です。

顕在層を集客できる分、購入までのハードルは低いので多くの企業が利用していますが、リスティング広告はキーワード毎に入札を行い、高い入札額をつけた企業に集客が集中し、コストも大きくかかってしまうというデメリットがあります。

またリスティング広告で主に集められる顕在層は潜在層に比べ、ユーザー数が少ないので、ライバル会社との入札合戦で広告費が高騰してしまい、広告費を潤沢に持っている会社に向いている広告とも言えます。

逆にFacebook広告は潜在層の集客を得意としていて、少額で売上、利益を出していきたい費用対効果の高さを求める人、企業向けの広告と言えるでしょう。費用対効果の高さはAIによるターゲティング精度が高いというFacebook広告の特徴が関係しています。

●Facebook広告とリスティング広告の違い

Facebook広告	リスティング広告
• 個人に対して広告を表示させる • 潜在層、顕在層、リピーターに向けて広告を配信 • AIの最適化を使うことで広告費が安定する • AIが自動で入札してターゲットを最適化する	• キーワードに対して広告を表示 • 主に顕在層に向けて集客 • キーワード毎に入札なので広告費が高騰しがち • 1つ1つのキーワード毎に単価を細かく調整

→ Facebookは登録制のサービスだから配信精度が高い

Facebook広告が配信されるFacebookは登録しないと使うことができないSNSです。しかもFacebookに登録しているユーザーは氏名だけではなく、年齢や性別、学歴などを細かく入力する人も多く、登録ユーザーの個人の特徴が細かく分析しやすい媒体と言えます。

●Facebookの登録画面

https://ja-jp.facebook.com/
氏名だけではなく、誕生日や性別は登録時に必須項目。学歴や居住地、使用言語など細かく入力できる

実はGoogleやYahooなどのキーワード広告でもAIを使い、ユーザーの性別や年齢を予測して配信していますが、GoogleやYahooは登録しなくても使えるサービスが多く、40代男性向けの広告なのに、20代の女性に広告が表示されるということも多々あり、そういった意味でも無駄なコストが発生してしまいがちです。

Facebookの場合はユーザーが自分の情報をしっかりと登録しているので、GoogleやYahooに比べ、3倍以上もユーザーの情報を正確に特定できているとも言われており、無駄な配信を避けられ、その分利益率が高くなるというメリットもあります。

また、Facebook広告独自のFacebookピクセルというユーザー行動を収集する仕組みを世界中の広告を配信している企業のサイトが採用しているため、登録ユーザーがどのサイトでどういったニュース、商品に興味を持って、検討中なのか、購入に至ったか？　ということまでFacebookは把握できています。

Facebook広告に限った話ではないですが、AIというものはそれぞれに性能の大差はないと言われていますが、正確な情報をどれだけ多く蓄積するかでその能力を高めていきます。Facebook広告のAIは正確な登録情報とユーザーの行動履歴、世界中で配信された広告のデータを元に、あなたの広告が誰に届けばより良い反応を示すかを理解し、広告を配信する仕組みのため、潜在的なユーザーの集客を低コストで行うことができるのです。

→ 面倒なキーワード選びが不要

Facebook広告は広告の配信をスタートするときにキーワードの設定も不要です。広告を出稿するサイトURLを準備し、広告用の画像、広告用の文章を準備するだけでAIがその広告画像やテキストを分析し、どういったユーザーに配信すれば良い反応が得られるかを計算し、配信結果を見ながら自動的に広告を配信するべきユーザーを絞り込んでいきます。

●Facebook広告のターゲット設定の一例

ターゲット
新しいオーディエンスを作成　保存済みのオーディエンスを使用
カスタムオーディエンス　新規作成
既存のオーディエンスを検索
次を除外する:
地域
地域 - 居住地:
• 日本
年齢
13 - 65+
性別

Facebook広告は年齢や性別、配信する国や地域などを絞るだけでAIが広告の内容から適切なユーザーにのみ広告の配信をスタートし、配信結果を元にさらに最適なユーザーに配信を絞っていきます

キーワードによってユーザーを絞り込まないFacebook広告は、ウェブ広告につきものだった面倒な作業を行う必要もありません。リスティング広告のようにキーワードごとに広告用のテキストを変えたり、キーワード毎の単価の調整を細かく行うということもする必要がないため、広告を配信して売上は伸ばしたいけど、広告の調整に時間を大きく割くことができない、という場合でも集客手段として取り入れやすい広告媒体と言えます。

膨大なキーワードを管理する手間もないということは、作業コストが低く抑えられるということにもつながっていきます。作業コストが低いということは少人数でも管理できるということですし、専属スタッフを用意するという必要もありません。僕がFacebook広告での集客方法を教えている人でも一人で５社以上の案件、月1000万円近くを1人で管理しているという人もいらっしゃいます。

Instagram広告の同時配信で認知度を上げ販売層を広げよう

Instagramにも配信できる

Facebook広告はFacebookだけではなく、登録者数が伸び続けているInstagramにも広告を配信できるという大きなメリットがあります。

Facebookだけでも日本国内でも2600万人（2019年7月時点）の登録者数がいますが、Instagramは発表があった2019年3月時点で国内で3300万人を突破していて、その利用者がまだまだ伸び続けています。

少し前まではFacebookは30代以上の人たちがよく使っていて、Instagramは若者のものと言われていましたが、最近の広告の反応を見ていると、そういった年齢の垣根はなく、40代以上向けの美容商品でもInstagramで売上を伸ばしているものもありますし、20代向けの学習系の商品ではFacebookのほうが売上が良いという事例もあります。Instagramのような流行りものを追いかける30代以上の人も増えていて、就活などで過去の活動がわかるようにFacebookを積極的に使う若者も多いのがその要因となっています。

●年代別のFacebook、Instagramの一般的な利用状況

	Facebook	Instagram
20代以下	就活や経歴を見せるために利用	日常的な投稿、連絡手段として利用
30代	子供の投稿やコミュニティでの利用が多い	趣味や情報収集での利用が多い
40代	ビジネス利用する人は積極的	投稿は積極的ではないが趣味として利用する人も多い
50代以上	日常投稿やFacebookを通じて再会をする人が多い	徐々に利用者が増えている

こうした世代を超えた売上の結果もAIに配信を任せてわかってきたことなんですが、これまでのウェブ広告の常識に従い、配信先を年齢によるターゲティングで若者向けだからFacebookは除外する、40代向けだから

Instagramは除外するということをしていたら、作れなかった売上ということになります。基本的にはFacebookに登録する人はInstagramにも登録している人が多いので、Facebookではスキルアップ、仕事に関するつながり、Instagramはよりプライベートなつながりを求めているというだけであって、年齢によってサービスを使い分けているというイメージは持たないほうが良いでしょう。

もちろんInstagramへの配信に関しても、Facebookと連動しているアカウントが多いので、配信精度はかなり高く、併せて使うことで費用対効果はかなり高くなります。

●Instagramの登録画面

https://www.instagram.com/?hl=ja
Facebookに登録しているとFacebookのアカウントと紐付けて登録が可能に。Facebookでつながっている友達とInstagramでもつながれるなどユーザー側にもメリットがある仕様になっている

Facebook広告を使う場合は、Instagramにも配信されるのでリサーチをする意味でも配信前に実際にSNSとしてどちらも利用してみて、どんな投稿が多いのか？　どんな広告が配信されているのかを確認しておくと良いでしょう。どんなビジネスもそうですが、自分も利用者の一人としてそのサービスを一般の人よりも知っていないとその分野でビジネスを成功させるのは非常に難しいので、一利用者として登録しておきましょう。

1日数百円でスタートして利益を数百万円まで積み上げるフローチャート

→ 少額からスタートしてもAIが学習を開始する

Facebook広告のAIは優れた機能を持っているため、少額の予算からでも売れやすいユーザーに絞り込んだ最適な配信（最適化配信）をかけていくことができます。最適化配信の仕組みとしては、広告の設定の際に特定のURLやアクションを指定することでそのページに到達したユーザーと似た属性のユーザーをFacebookが探し出し、広告の配信が最適化されていくという流れになります。さらに指定した特定のURLやアクションに対して、週50回以上のアクセスを送ることで、よりその精度を高めていきます。

●最適化配信の仕組み

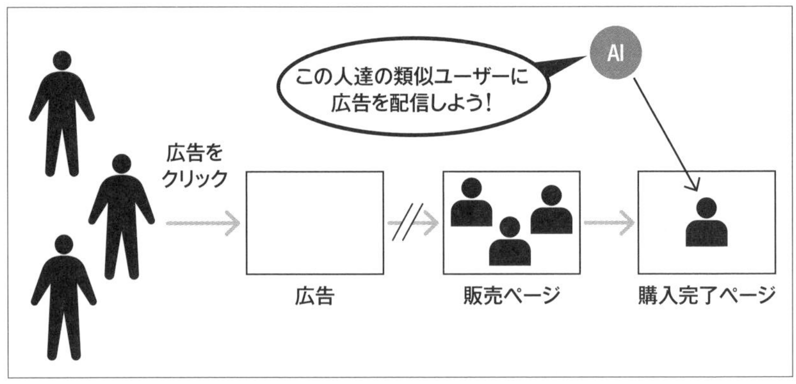

配信を始めてすぐの段階でも広告の内容からどういったユーザーに反応が良いかをある程度AIが判断し、広告配信されるのですがこのとき広告費が高ければ高いほど、AIが色々なターゲットに広告を配信して予算を使おうとするので初めてFacebook広告に取り組む場合は1日500円ほどの少額から配信を始めることをおすすめしています。

1日500円ほどの少額から配信を始め、広告の反応を見ながら広告の修正や広告から遷移するサイトの修正を行い、反応が良くなってきたら広告費を2倍、3倍に上げていくことで、AIに確実に学習をさせながら、無駄な広告費の削減にもつながります。

また、こうした配信にすることで最初の段階で大きな赤字を出すこともなくなるので、修正のための戦略をじっくり練りながら、焦らずに収益化していくことが可能になっていきます。

Google、Yahooなどのリスティング広告もAIを採用していますが、月に数十万、数百万を2~3ヶ月続けることがAIに学習するための最低条件と言われているので、小規模から始めて、確実に利益を出せる状態で広告費を大きくすることができるFacebook広告は中小企業、フリーランスで商売をする人におすすめできる広告媒体と言えます。大きな予算がなくても1日500円ほどから大手企業と同じ配信で集客を確実に行うことができますし、広告配信の改善に向けての対策を立てることができるのでぜひご活用ください（※2020年5月現在500円から出稿可能）。

→ 広告と出稿ページの組み合わせが運用成功の肝

少額から始めて、確実な利益を生むために必要なのが広告の正しい知識と準備です。Facebook広告の正しい設定はもちろんですが、広告から商品販売ページに直接誘導するのではなく、ランディングページと言われるページを用意しておくことがとても重要です。

FacebookやInstagramを使っているユーザーは、商品を買おう、サービスに申し込もうとしている人ではなく、潜在的な悩みを持った状態の人たちです。そのため広告を見せて、そのまま商品ページに誘導する、ということではただの売り込みになってしまい、広告をクリックされることも少なくなり、なおかつ売れにくいというデメリットだらけの配信方法になってしまいます。

そのデメリットを緩和してくれるのがランディングページと呼ばれる、商品に興味関心を持ってもらうためのサイトです。ランディングページの役割は商品ページに関連した情報をわかりやすく伝え、共感をしてもらい、悩みや商品の必要性に気がついてもらうことにあります。

●ランディンページで広告の見え方は変わる

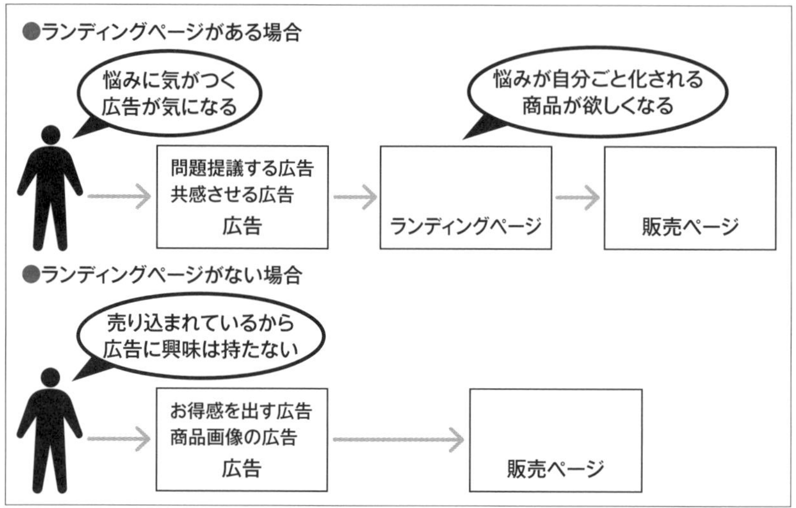

ランディングページでは潜在的に持っている悩みを放置していると、どういったデメリットがこれから起きるのか？　この商品を持つことでどういった未来になるのか？　ということを商品ページのように企業側の人間がかしこまった表現で伝えるのではなく、よりユーザーに近い目線のブログやニュースサイトの記事のような形で伝えていくことが大切です。

広告のみで誘導するところ、こうしたランディングページにすることでよりユーザーに近い目線の広告に変わってきます。そのためただの売り込み広告ではなく、共感を生む広告、悩みをに気が付かせる広告への進化を図れるため、ユーザーからの反応の高い広告になり、費用対効果も非常に高くなっていくのです。

→ 商材選びを間違えてはいけない

Facebook広告で利益をしっかり出すために大切なのが、商材選びです。広告という性質上、どうしても必要経費である広告費がかかってくるので商品単価が１件あたり数百円～1000円前後の売上のものは費用対効果が合いづらいです。ただ、ネットショップやリストマーケティングであればメールアドレスや住所など顧客情報が取れるという副作用があるので、一度目の売上で完全に回収できなくてもその後の販売で利益につなげていくという戦略を作ることもできます。大切なのは広告で集客した後の戦略もしっかり作った上で広告を配信することです。

リストマーケティングであれば今までどれくらいのリストを集めれば自分の商品が売れたか？　ということをしっかりと統計を取った上で、広告の配信をスタートしないと、集客はできてリストは取れたけど商品は全く売れない、という本末転倒な状態になってしまいます。なのでそういった出口戦略も含めた商材選びがとても大切です。

また、アフィリエイトのような一度の売上で利益を出す場合は、報酬が5000円以上の商品を扱うことをおすすめしています。ただ、アフィリエイトの場合は注意したいのが商品の承認率です。アフィリエイトの広告主によってはアフィリエイト報酬の承認率が5割ほどというところもあるため、そういった広告の場合は5000円の報酬の5割、つまり2500円を報酬単価と考える必要があります。この承認率は固定してくれるアフィリエイトの広告主もいますが、多くの場合は承認率が毎月変動するので、利益が安定しないというリスクを含んでしまいます。そこで僕がおすすめしているのは、承認率を100％保証してくれるASPを使うことです。

Link-A
https://link-a.net/

Facebook広告をはじめ、広告を使ったアフィリエイトを行う人が多く登録するASPの1つ。広告に特化した商品の扱いも多く、承認率100%の案件の紹介や広告やランディングページで使える画像の提供などアフィリエイターに対して心強いサポートが充実している本書ではLink-Aを紹介していますが、Link-AのようにFacebook広告用に承認率を100%、特別な報酬額を用意しているASPも増えているので、アフィリエイトでFacebook広告を使う場合はぜひ活用してください。こうしたFacebook広告用の特別な報酬額を用意してくれた広告でアフィリエイトをした場合、利益が安定しやすいというだけではなく、売上から広告費を引いた割合、ROASが300%以上になることもあります。しかも短期的ではなく、半年、1年とほとんどメンテナンスすることなく配信し続けられている人が僕がFacebook広告の運用を教えている人たちの中でも数多くいらっしゃいます。使うASPを変えるだけでもかなり利益が変わってくるのでおすすめです。

●ROASの計算式

売上(万円)	広告費(万円)	ROAS(%)
100	70	142.86%
100	50	200.00%
100	30	333.33%

※ROASはReturn On Advertising Spend（広告費用対効果）の略
※ROASの計算式は売上÷広告費×100（%）

→ 数百円からスタートし月数百万円の利益になることも

広告を使ってもしっかりと利益が出る商材を選び、ランディングページも準備してから実際に広告の配信をスタートしますが、最初から大きな金額で広告を出稿する必要はありません。

Facebook広告は1日の予算を設定すると、その金額を1週間分に平均で使い切るように配信をスタートします。この予算を使い切るという仕組みがあるため、最初から大きな金額を設定するとAIが最適な配信にはなっていない状態で予測をの幅を広げた状態で見当違いのユーザーにも広告を配信していきます。

●Facebook広告の予算の使い方
1日の予算が500円の場合のイメージ

1日目	2日目	3日目	4日目	5日目	6日目	7日目	8日目	・・・
522円	476円	500円	501円	531円	497円	473円	522円	・・・

日予算が500円でも7日間の平均金額が500円になるように調整されるため、多少予算オーバーしても焦る必要はない。

そうすると反応が悪いユーザーにも広告が表示され費用対効果も悪くなりますし、広告自体の反応が悪いという評価がFacebookのAI上でもついてしまうため、徐々にクリック単価、インプレッション単価という広告費に関連する指標も悪くなっていきます。

そういった悪循環な配信をさせないためにもまだ反応が良いかどうかわからない商品やランディングページに誘導するのであれば、1日500円くらいの少額から予算を設定し、狭いAIの予測の範囲で反応が良い広告かのテストとランディングページなどの修正を行い、反応の良いものができ上がったら広告費を徐々に上げていくというのがおすすめです。

Facebook広告では、まず反応の良い広告を見つけるということが運用を成功させるための第一歩です。Facebook広告は大きく分けて画像や動画とテキスト、見出しと文章部分で構成されています。

●同じ広告でもFacebook（PC/スマホ）、Instagramでは見え方が異なる

Facebook（PC）

Facebook（スマホ）

Instagram

広告で扱う商品や、広告の画像とテキストの組み合わせ（広告クリエイティブ）、配信される配信先が異なるので、配信先で自分の広告クリエイテ

ィブがどのように見えているかを分析し、より反応の良い広告クリエイティブを探していきます。広告の反応が上がることで広告費も下がる傾向にあるます。広告を出稿したら終わり、ということではなくしっかりと検証することが大切です。

広告クリエイティブが決まったら次に行うのがランディングページの見直しです。運用開始当初作ったランディングページと広告クリエイティブの内容が異なっている場合は修正し、販売ページに誘導する確率を上げていきましょう。広告クリエイティブ、ランディングページともに検証、改善のために指標となる項目をおさえていくことで広告の費用対効果が上がっていきます。

広告クリエイティブ、ランディングページともに検証、改善は時間がかかりますが、少額配信の場合、見当違いのユーザーに広告が配信されるようなことも起きづらいですし、広告費がどんどん消費される焦りも少なく、広告クリエイティブの調整、ランディングページの見直しをすることができます。

Facebook広告のAIの性質上、広告費の大きな変更をした場合は最適化がリセットされてしまいます。そのため広告費の上昇は日予算の1.5~2倍が妥当な数値になりますが1日数百円の配信からリスクを少なく始めて、費用対効果を上昇させながら1日数万円、数十万円の配信に育てていくことも可能です。

日予算の上昇でROASが大きく崩れない限り予算を上昇させることも可能なので、日予算を徐々に上昇させてROAS200%で1日3万円の日予算になる頃には、月数百万円の利益を狙えるようになります。これからリスクをなるべく少なくウェブ広告を始めたいという企業やアフィリエイトをしている方はぜひFacebook広告を取り入れてみてください。

Chapter 02

Facebookページを作成してコンテンツを充実させよう

Facebook広告を出稿するために必要なもの

→ Facebookページとビジネスマネージャが必須

Facebook広告を運用するためには、ビジネスマネージャに登録する必要があります。ビジネスマネージャの活用方法と、活用することでスムーズな広告運用ができる理由を解説します。

Facebook広告を出稿するための仕組みとしては、まずSNSとして利用する個人アカウントからビジネスマネージャに登録します。ビジネスマネージャとは、Facebookでのすべてのマーケティング活動や広告活動を一元管理できるツールです。

ビジネスマネージャに登録したら、次にビジネスマネージャ内にFacebookページを作成します。Facebookページは広告の中に表示される一つの項目ですが、このFacebookページを通して広告を出稿するため、Facebook広告を出稿する上でビジネスマネージャとFacebookページは必ず必要となるものです。

ビジネスマネージャ
https://business.facebook.com/overview/

広告アカウントやFacebookページなどを管理するための無料ツール。管理者を複数設定することもできるためFacebook広告の出稿にむけて開設しておきましょう

Facebook広告を出稿するためには、ビジネスマネージャ内に広告アカウント（広告を出稿するためのアカウント）を作成し、広告マネージャから細かい配信設定を行います。広告マネージャ内では、「キャンペーン（広告の目的）」「広告セット（予算など広告の詳細設定）」「広告（広告の内容、デザイン）」をそれぞれ設定し広告を出稿することになります。

●Facebook広告の仕組み

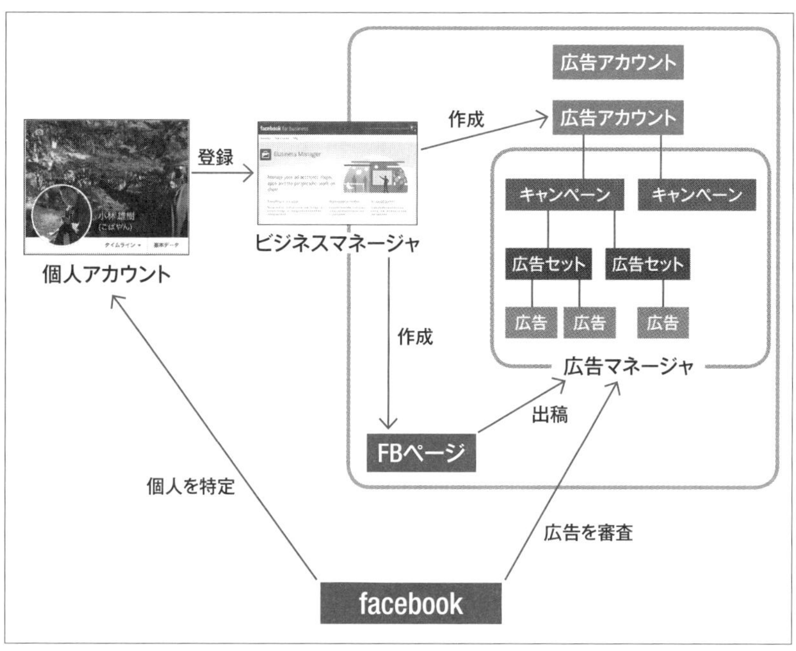

Facebook広告はビジネスマネージャを使わなくても個人の広告アカウントでFacebookページを作成し、広告を出稿することも可能になっています。ただ個人の広告アカウントからの直接の広告出稿は可能ですが、Facebookから近い将来使えなくなるというアナウンスが数年前に出されています。2020年5月時点でも使える状況ではありますが、いつ使えなくなるかわからないのでビジネスでFacebook広告を使うという場合は使わない方が無難です。

中長期的にFacebook広告を使い売上を作り出したいと考えているのであれば、必ずビジネスマネージャを使いFacebook広告を出稿しましょう。

→ ビジネスマネージャなら複数の管理者で広告が管理できる

ビジネスマネージャを使うことで、複数の管理者でFacebookページや広告アカウントを管理できるようになるというメリットもあります。

管理者が複数いることで、自分以外のスタッフにFacebook個人アカウントにログインさせることなく広告の管理を行うことも可能になります。詳しくは後述しますが、支払い設定や広告の設定などさせずに数値の確認だけをする権限をユーザーごとにもたせることもできるので、日報業務だけをやってもらいたいという人や運用代行で数値だけを共有したい場合にもビジネスマネージャでの広告管理は向いています。

●ビジネスマネージャの管理者権限について

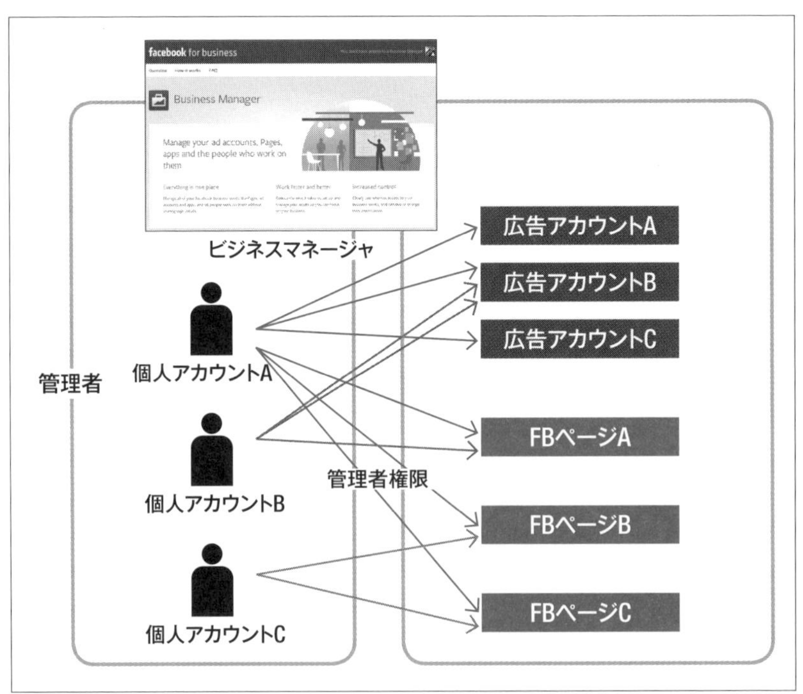

また、Facebook広告を運用していると、思わぬタイミングでアカウント停止や管理者の広告を運用する権限をはく奪されるなどのアクシデントが起こることもあります。

そんなとき、ビジネスマネージャ内に管理者が1人しかいないと、広告が運用できなくなってしまいます。広告が運用できなくなるということは、最悪の場合、広告を修正することも止めることもできなくなってしまうので、管理者が一人だけというのは非常にリスクが高いです。

ビジネスマネージャを利用し、複数名の管理者を追加しておくことで、その中の1人にアクシデントがあった場合でも、他の管理者が広告運用を続けることができるので、必ずビジネスマネージャを利用し、管理者は複数設定することをおすすめします。

ちなみにビジネスマネージャ内には複数の管理者を設定することは、Facebook社でも推奨されています。管理者が複数いることで、追加した管理者が新たに他の管理者の追加をすることもできたり、Facebookページの運用を任せる場合は、Facebookページの部分的な管理権限を付与することもできるため、複数人でFacebookを活用する場合は、Facebook広告を管理する管理者、Facebookページを管理する管理者など、権限を細かくわけることも可能です。

Facebookページの更新やFacebookの利用、Facebookアカウントを紐付けたInstagramの日常的な利用をしているとFacebook内のアクティビティという信頼度スコアのようなものが溜まっていき、ポリシー違反がない限りアカウントが止まるということは起こりづらくなります。しかし、実際にアカウントが止まってしまってからでは管理者の設定はできませんので、運用を始める前に家族の協力なども含めて複数の管理者を用意するようにしましょう。

Section 02 ビジネスマネージャを準備しよう

ビジネスマネージャで広告を管理する

Facebook広告を出稿するためにビジネスマネージャを作成していきましょう。ビジネスマネージャを作成するには、通常のSNSとしてのFacebookの個人アカウントが必要になります。これまで解説してきたFacebookページを運用するにもビジネスマネージャの作成しておくと便利です。

ビジネスマネージャ
https://business.facebook.com/overview/

【アカウントを作成】から作成画面に進み必要項目を入力します。今回の画面は2020年5月に収録したものですが、Facebookの画面の仕様はよく変わるため同じ画面でない場合は同じニュアンスが書かれているものを選択し進んでください。

ビジネスマネージャアカウントを作成

ビジネスおよびアカウントの名前

ジャスパーズマーケット

この名前はFacebookで表示されるため、ビジネスの公称と一致している必要があります。特殊文字を使用することはできません。

あなたの名前

仕事用メールアドレス

このメールアドレスは会社のビジネスで使用しているものでなければなりません。このアドレスにメールを送信して認証します。また、このメールにはビジネスアカウントに関する連絡事項も記載されています。

ビジネスに追加したメンバーは、あなたのFacebookでの名前、プロフィール写真、Facebookでのユーザー IDを表示できるようになります。

アカウント名は公開されるものではないので、区別ができるものであれば何でもOKです

最初の画面ではビジネスマネージャのアカウント名、あなたの名前、メールアドレスを登録します。メールアドレスはFacebook登録時のものと別のメールアドレスでも問題ありません。

ビジネスの詳細を追加

ビジネスを運営している現地オフィスのビジネスに関する詳細を追加してください。

国

日本

住所

住所2行目(町名・番地)

市区町村

都道府県

北海道

郵便番号

ビジネスの電話番号

国番号81を付け、最初の0を消す

ウェブサイト

http:// /

ビジネス目的で使用

このアカウントでFacebookツールやデータが使用される主な目的:

自社の製品やサービスを宣伝

他のビジネスへのサービス提供

送信

電話番号は080～等の番号を入れるとエラーになるので必ず国番号+8180～のような記載にしましょう

次の画面では住所などを入力しますが、ウェブサイトにはこれから出稿する広告のURLを入力します。すぐにウェブサイトが準備できないという場合は、審査が入る項目でないため無料ブログを1記事だけ入った状態で作成しそのURLを入れて進みます。

電話番号は日本の国番号81を最初につけ、電話番号の最初の0を消してください。（例　8190-1234-5678）一番下の選択肢はアフィリエイトの場合でも「自社の製品やサービスの宣伝」で問題ありません。送信ボタンをクリックするとビジネスマネージャが作成されます。

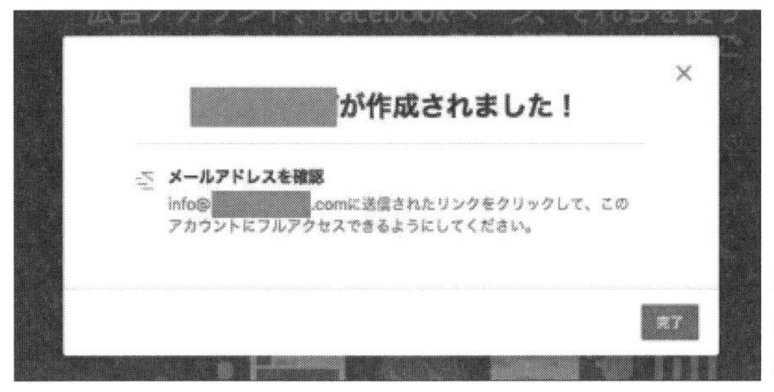

確認メールが届くので記載したメールアドレスを確認しましょう

ちなみにビジネスマネージャはスマホから作成することもできますが、Facebook広告の管理に関してパソコンからの作業でないと不便な面があるので、パソコンで作業するようにしましょう。

ビジネスマネージャの作成し、ビジネス設定という部分からビジネス設定の画面に移動し【アカウント】→【ページ】と進むとFacebookページの作成ができるなど様々な作業をビジネスマネージャ経由で行うことができます。

ショートカットからFacebookページや広告アカウントの作成をするビジネス設定への移動、広告の管理をする広告マネージャへの移動ができます

●ビジネス設定で行える主な機能

ユーザー	管理者の追加、削除
ページ	Facebookページの作成、管理者の追加、削除
広告アカウント	広告アカウントの作成、管理者の追加、削除
ドメイン	広告で使用するドメインの登録、削除
支払い	Facebook広告で使用する支払い方法や使用する広告アカウントの追加、削除
ビジネス情報	ビジネス認証の認証や広告アカウントの上限の確認

→ ビジネスマネージャの管理権限を理解しよう

ビジネスマネージャを作成することで、広告の予算設定、ビジネスマネージャや広告アカウントなどに自分以外の管理者の追加ができるようになります。ビジネスマネージャの管理者が1人だけの場合、個人アカウントにログインできない、運用者が突然の退社などなんらかの理由で管理者がいなくなってしまうと、そのビジネスマネージャを動かせなくなってしまいます。また管理者がいなくなると、次の管理者の指定ができません。その結果、そのビジネスマネージャが使えなくなるだけでなく、最悪の場合、出稿した広告をストップできずに広告費を払い続ける状況に陥ってしまう危険性があるのです。

Facebook広告はSNS機能を使用する個人アカウントにビジネスマネージャの管理権限がないと広告の配信状況すら確認できないという仕様なので、管理者がいなくなってしまった場合は広告の管理すらもできなくなります。ビジネスマネージャに複数の管理者がいることで広告の運用がストップしてしまうリスクを軽減させることにもつながるなど、ビジネスとして広告を出す人にとっては様々な利点があるので、必ず設定しておきましょう。

ビジネスマネージャで付与できる管理者の権限には3段階あります。管理者の権限のレベルを選択できるため、管理権限を使い分けることで様々なシチュエーションに合わせて広告運用をすることができます。

1つ目の権限は、「管理者」と呼ばれる全ての権限を持っているものです。ビジネスマネージャを作成した人はこの権限からスタートになっています。

この全ての権限の中には、支払いの編集や支払い方法の追加や削除、管理者権限の管理なども含まれます。

2つ目の権限は、「広告の管理者」と呼ばれる広告の表示、レポートの表示、広告の作成といった広告の管理のみをする権限です。他の方に広告の入稿や修正のみを行ってほしいという場合は、この権限を与えると良いでしょう。

3つ目の権限は、「アナリスト」と呼ばれる広告の表示、レポートの表示といった広告の反応だけを見ることのできる権限です。広告の分析を行うだけなら、この「アナリスト」という権限を付与すればいいでしょう。広告を代理出稿する場合は、クライアント側にはこの権限だけを与えるということをしておく場合が多いです。

●ビジネスマネージャで付与できる管理者の権限

	管理者	広告管理者	アナリスト
広告の表示	○	○	○
レポートの表示	○	○	○
広告の作成と編集	○	○	
支払い方法の編集	○		
管理者権限の管理	○		

基本的なビジネスマネージャの使い方としては「管理者」権限を持つ人を自分を含めて2名以上置いておくことが望ましいです。自分のアカウントのログインパスを忘れたなど、不具合があった場合でも対処できる人を確保できるので安全に広告運用ができるようになります。

→ ビジネスマネージャが作れない原因

Facebook広告を始めるためにはビジネスマネージャを作成する必要がありますが、中にはビジネスマネージャが作成できず、つまずいてしまうケースが見られます。

Facebook広告を始める際、ビジネスマネージャが作れないほとんどの要因はFacebookの「アクティビティ」が不足していることです。ビジネスマネージャはFacebookの個人アカウントから作成しますが、その個人アカウントにFacebook独自の仕様であるアクティビティが不足していると、ビジネスマネージャの作成ができません。

アクティビティとは、「個人アカウントのFacebookでの行動」です。Facebookというのは、SNSサービスであるため、そのSNSサービスをまともに使っていない人がFacebook広告だけを使うことに対して、Facebookはあまりよく思っていません。

そのため、作ったばかりの個人アカウントや、登録はしたもののログインもせず全く使っていない個人アカウント、つまりアクティビティの不足している個人アカウントでは、ビジネスマネージャの作成ができない仕様になっているのです。

Facebookのアクティビティを貯めるためには、Facebookに投稿する、いいね！をする、グループで何かをコメントをする等、Facebookを直接利用する以外にも方法があります。スマートフォンにFacebookアプリをダウンロードし、ログインした状態でSafariやGoogle chrome等で様々なウェブサイトやページを閲覧することで、他の広告主が設置したFacebookピクセル（広告の効果を測定できる分析ツール）を通じてアクティビティを貯めることができます。

Facebookにログインした状態で様々なウェブサイトやページを閲覧することで、Facebookピクセルを通じて、FacebookのAIが本当にその個人アカウントのユーザーが存在するという根拠を持つことができるのです。

このような方法でアクティビティを貯めることで、Facebook広告を使うためのビジネスマネージャを作る準備が整っていきます。

Facebook広告を始めるために、どの程度アクティビティを貯めればビジネスマネージャが作成できるようになるのかという、具体的な数字はFacebook社以外の人間にはわかりません。

ただ僕自身の経験や指導している方などの話を総合すると、個人アカウントを作成して1、2週間、Facebookにログインした状態で様々なウェブサイトを閲覧する、FacebookのSNSを直接利用することでアクティビティを貯めれば、ビジネスマネージャが作れるようになります。

Facebookでビジネスマネージャが作れないからといって、新たな個人アカウントを作ろうとする人がいます。ですが、新しい個人アカウントを作ることで、同じIPアドレスで個人アカウントを複数持っている「不審なアクティビティ」としてFacebookに認識され、逆効果になってしまいます。

エラーが出てしまい、一時的にビジネスマネージャが作れない場合には、自分のアカウントが「アクティビティ不足」であることが原因であると理解して、アクティビティを貯めることを優先して行ってください。

多くの場合はFacebookのアクティビティを貯めることでビジネスマネージャが作れるようになりますが、中にはアクティビティを貯めてもビジネスマネージャが作れないことがあります。それは、過去に何らかの理由でその個人アカウント自体がスパム認定をされたことがある等、Facebookからよく思われないアカウントであることが原因です。

このような場合は、IPアドレスを変更して新たなアカウントを作成する、家族などに違う個人アカウントを借りる等して、ビジネスマネージャを作る必要があります。Facebook広告を始めるためには、ビジネスマネージャを作成する必要がありますが、Facebookでビジネスマネージャが作れない場合、まずはアクティビティ不足を疑ってアクティビティを貯める行動を重ねてみてください。この方法で多くの場合は解決できるはずです。それでも問題が解決しない場合には、別のアカウントを利用するという次の段階に進むと良いでしょう。

●アクティビティが溜まる行動の一例

Facebook	ログインした状態で様々なウェブサイトを閲覧する
Facebook	スマホゲームと連動する
Facebookページ	定期的に投稿を行う
Instagram	Facebookと連動し動画や画像を投稿する

Section 03 Facebookページの役割と作り方

Facebookページは広告の出稿に必要

Facebook広告を出稿するにあたり、Facebookページは必ず作成する必要があります。このFacebookページを有効活用できるか否かによって、広告の効果に差が出てきます。Facebook広告の成功のカギの一つ、Facebookページの役割と作り方を解説していきます。

Facebookページは、Facebook広告を出稿する上で必ず必要になるものです。Facebook広告を出稿するためには、まず個人アカウントを持ち、個人アカウントが管理者となってFacebookページを作成します。そして作成したページを通じて広告を出稿します。他の広告媒体とは違う複雑な形ですが、単純にFacebookページを作らないとFacebook広告が出せないと覚えておくと理解しやすいでしょう。

Facebookページは、広告の出稿に使用するだけではなくFacebook内のホームページのような使い方ができます。海外ではこのFacebookページを重視する傾向にあり、自社ホームページや自分でドメインを持たずにFacebookページを自社ホームページとして使用している企業も多いほどです。一方、日本では大きな企業でないと、Facebookページを活用している企業は少ない印象です。

例えばANAJapanのFacebookページではANAで旅行できる旅先のきれいな景色や美味しいものの紹介などの他にも、Facebookページに設置されている予約ボタンからANAのホームページに移動して実際の航空券予約をすることもできます。

今回の例では航空券の予約ですが、お店に電話をかけるボタンや、商品購入を促す、メールアドレスの獲得などもできるので、Facebookページを活用することで顧客満足度の向上だけではなく、リピーターの獲得にもつなげる仕組みをFacebookページに持たせることも可能です。

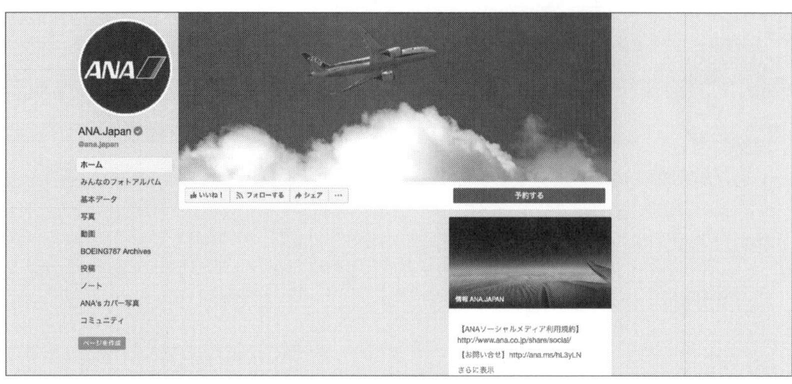

ANAJapanFacebookページ
https://www.facebook.com/ana.japan

魅力的な旅先の情報、スタッフの紹介など企業価値を伝えるための投稿が充実している。大手企業の活用方法は参考になるものが多い

Facebookページの役割は、Facebook広告を出稿している人が誰かをわかるようにすることです。広告が表示された際、アカウント名、もしくはアカウント名の横の丸いプロフィール画像をクリックするとFacebookページに飛んでいきます。実際、広告が表示された際、広告だけでなくFacebookページが見られるというケースもあります。

●Facebookページと広告の表示例

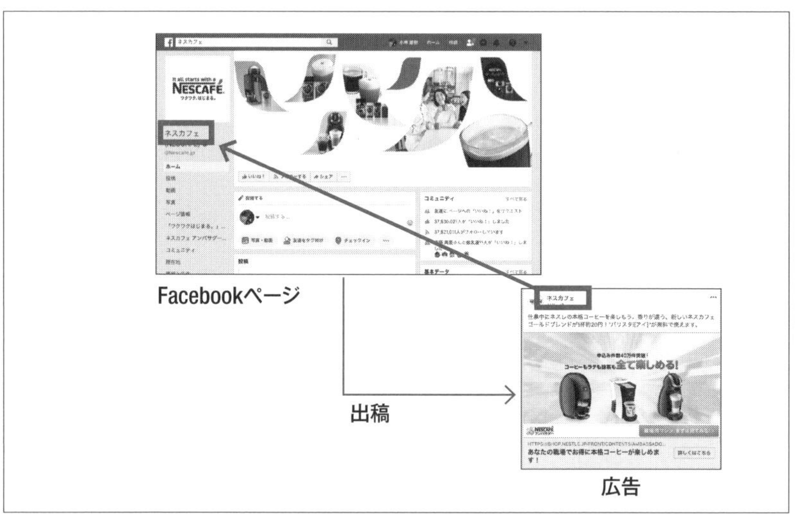

→ Facebookページのいいね！増やすべき理由

Facebookページは、Facebook広告を出稿するために必要だからとりあえず作っているだけという管理者の方も多いです。ですが、それは本当にもったいないことです。Facebookページに力を入れ、ページのいいね！を増やすことで、Facebook内の評価が上がっていきます。Facebook内の評価が高いと、広告を出稿した際、配信システムによりその広告の配信優先順位が上がります。その結果、CPC（クリック単価）やCPM（広告が1000回表示されるごとに何円の費用がかかったか）も低くなりやすいのです。

さらにFacebookページにいいね！をつけているユーザーの属性が、出稿した広告の内容に興味を持つユーザー属性と合っていると、CPCやCPMが低くなりやすい傾向があります。

例えば、旅行好きの人のいいね！を集めたFacebookページから旅行向けの商品や温泉旅館の広告を出稿すれば、Facebookページのユーザーの属性と広告のユーザーの属性が合っているため、CPCやCPMが低くなりやすいのです。逆に全く関係のない海外のユーザーのいいね！をたくさん集めて日本人向けの広告を出しても、CPCやCPMは低くなりません。

CPCやCPMが低くなることで広告費は低くなっていくので、Facebookページをしっかりと育てて、いいね！増やすことをしていくと、同じ広告を配信したときに利益率が高い運用につながっていきます。

ただ、Facebook広告の運用をしながら、Facebookページの更新も頑張るというのは大変なことに間違いはありません。そこでおすすめの更新方法としては、自社のホームページの延長線上にFacebookページを作成するイメージでFacebookページに自社のユーザー属性に合ったいいね！の獲得をしていくという方法です。例えば、商品についてのお得な情報の更新が公式ホームページであればFacebookページでも投稿する、SNS映えするような写真が撮れたらFacebookページに投稿するというように、「何かついで投稿」すれば手間をかけずに投稿も増やせるので効果的です。

また実店舗がある場合は、Facebookページにいいね！をくれたら割引などのサービスなどをしておくと、実店舗のユーザーとこれから広告を出稿した際のターゲットは類似しているので費用対効果の高い広告の運用につながっていきます。

●実店舗のいいね！獲得例

いいね!してくれたらビール1杯プレゼント!

いいね!してくれたらお会計から500円引き

いいね!してくれたらヘッドスパ10分追加

原価率を考えると実際の費用はもっと低くなるので
実店舗があると広告でいいね!を集めるよりも効果的になる場合もある。
（原価35%で計算すると500円引きで175円の費用が獲得コスト）

ビジネスマネージャからFacebookページを作る

ビジネスマネージャからFacebookページを作成する方法を解説します。Facebookページは個人アカウントからも作成可能ですが、ビジネスマネージャで作成することで他のユーザーとの権限の付与も簡単にできるようになるためFacebook広告を出稿するのであればビジネスマネージャからFacebookページを作成しましょう。

ビジネスマネージャの左上のメニューから【ビジネス設定】を開きます。

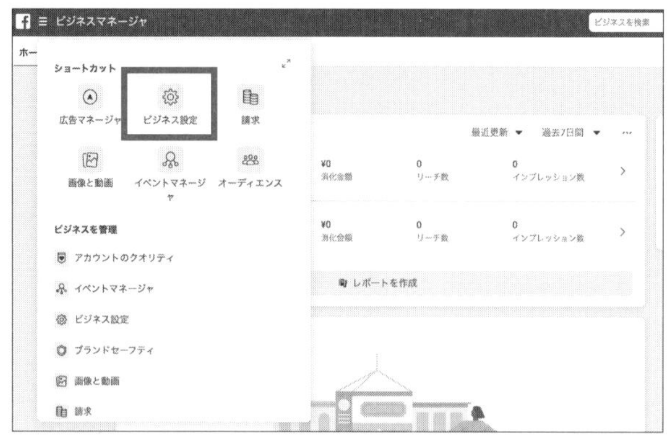

ビジネス設定はFacebook広告のどの画面からもショートカットから開くことができます

【ビジネス設定】の画面では画面左に表示されているメニューから作業項目を選び進んでいきます。今回はFacebookページの作成なので【アカウント】内にある【ページ】という部分をクリックし開きます。

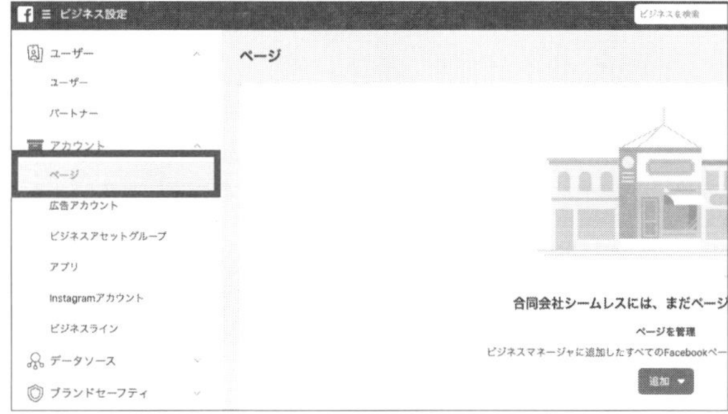

ビジネス設定ではFacebookページの他にも広告アカウントの作成や管理者の追加を行うことができます

【追加】ボタンをクリックし、「新しいFacebookページを作成」を選択します。

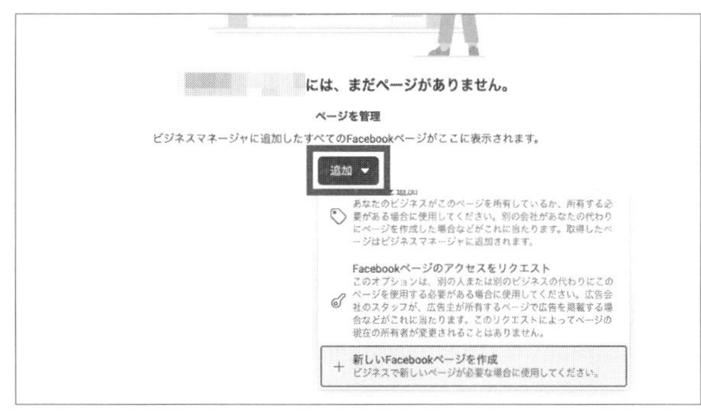

ページを追加するという紛らわしい案内もありますが、作成を選んで進みましょう

Facebookページのカテゴリを選ぶ画面が表示されます。これから作成するFacebookページの内容に合うものを選択すれば良いですが、特にこだわりがなければ「慈善活動またはコミュニティ」を選択し進みます。

Facebook広告を使いアフィリエイトする場合は「慈善活動またはコミュニティ」を選択しましょう

次にFacebookページの名前を決めていきます。企業であれば企業名でも良いですし、企業に関連した商品名やコミュニティ感のある名前でも良いです。Facebook広告を出稿する際に、Facebookページの名前が合わせて表示されるので、その点も意識して広告と関連する名称にするほうが無難です。名前を入力したら【Facebookページを作成】をクリックします。

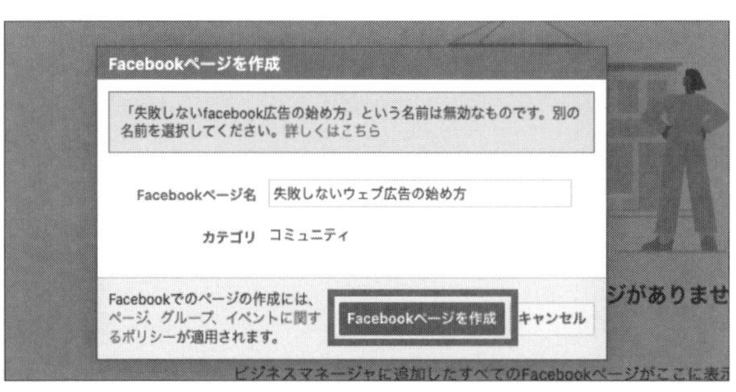

Facebookページ名では「Facebook」など公式ページと紛らわしい名称をつけることができません

これでFacebookページは作成されました。ページが作成されたらFacebookページ名の右側にある【ページを見る】をクリックするとFacebookページを確認することができます。

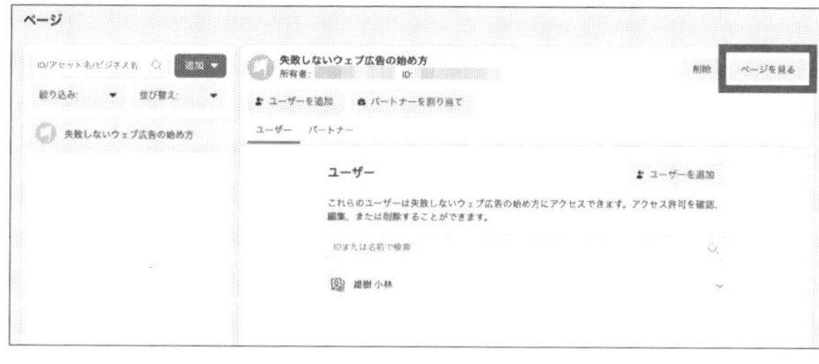

この画面から【ユーザーの追加】に進み、Facebookページだけの管理者の追加を行うこともできます

このようにFacebookページを作っただけだとアイコンもなく、なんの特徴もないページになってしまうため、広告を出稿する前にアイコンの変更など基本的にFacebookページの設定を終わらせておきましょう。

Facebookページのアイコンは画面左上の「Add a Picture」と書かれた丸い部分をクリックすると【写真を撮る】、【写真をアップロード】というものがあるので好きな方を選び設定することができます。【写真をアップロード】を選ぶとパソコンに用意した画像をアップロードすることで設定できます。

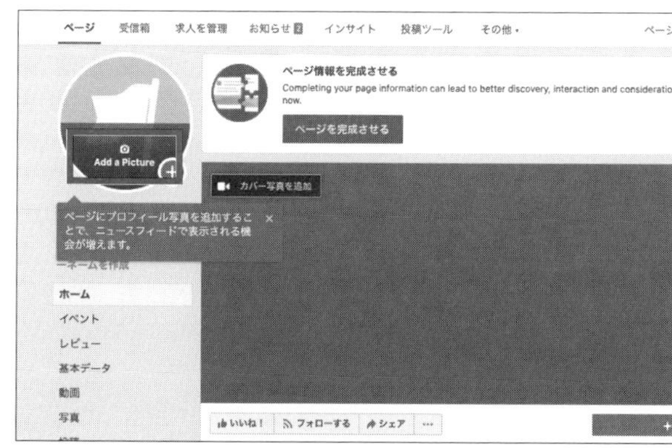

アイコンはFacebook広告でも表示されるものなのでページのイメージに合った画像を選びましょう

Facebookページ上部に表示されているグレーの部分にもカバー写真という大きめの画像を設置することが可能です。【カバー写真を追加】をクリックすると、アイコンと同様にパソコンに用意した画像をアップロードし、設定できます。また手間はかかりますが、カバー写真の部分は動画やスライドショーの設置も可能です。

カバー写真は広告では表示されませんが、ページの雰囲気を大きく左右するのでブランドイメージやページメイト統一したものが好ましいです

次にFacebookページのURLを編集していきます。初期状態だと日本語のFacebookページ名がURLになっていて、スッキリした状態になっていないのでアイコン下にある「Facebookページの@ユーザーネームを作成」をクリックし、ユーザーネームを入力し【ユーザーネームを作成】をクリックする。

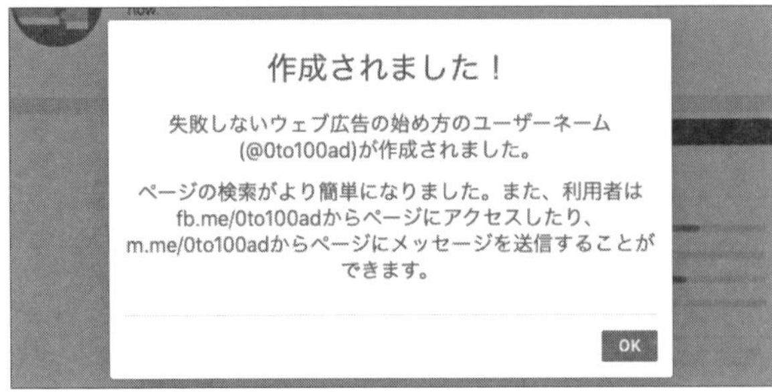

初期状態はhttps://business.facebook.com/失敗しないウェブ広告の始め方-105610971251704/のような表示に。ユーザーネームを設定することでhttps://business.facebook.com/0to100ad/に変更された

次にFacebookページの細かい設定を行います。画面右上にある【設定】をクリックします。

細かい設定しなくても広告の出稿は可能ですが、アクティビティ不足になる可能性が高いです

画面左の【ページ情報】を開き、Facebookページの説明文や電話番号などを設定していきます。電話番号や住所などは特に公開する必要がない、設定する住所がないという場合もあるので公開の必要ない場合は「電話番号はありません」などにチェックを入れて【変更を保存】をクリックします。

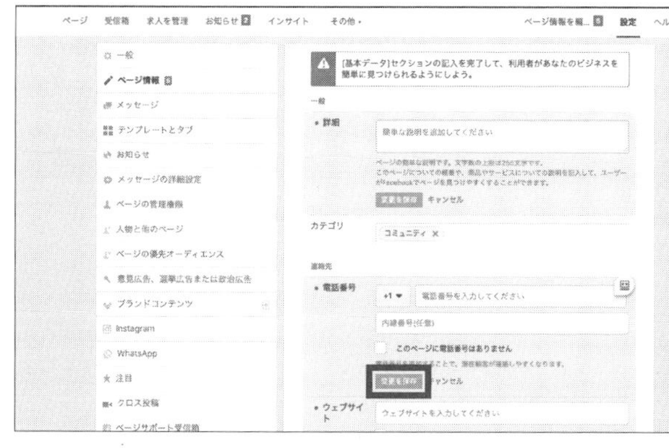

説明を詳しく書くことで、Facebook内のキーワード検索に表示されやすくなります

これでFacebookページの基本的な設定は完了しました。このページを使いFacebook広告の出稿をしていくわけですが、その前にFacebookページにコンテンツを充実させていきましょう。

Section 04 Facebookページのコンテンツを充実させよう

Facebookページ名とアイコンを設定する際の注意点

Facebook広告を出稿する際にFacebookページ名が表示されるので、アフィリエイトの場合はFacebook広告で扱う商品に関連するFacebookページ名をつけることが望ましいです。Facebookページは商品毎に作ることも可能ですが、管理が煩雑になるためできるだけジャンルごとに作成するほうが良いでしょう。美容系ジャンルを多く扱うのであれば「○○美容ラボ」のようなものや、金融系を扱うのであれば「○○経済新聞」のようなブログのタイトルに近いFacebookページ名だと広告を見る側も違和感はありませんし、1つのFacebookページを使い、様々な商品をFacebook広告でアフィリエイトすることができます。

ただ、この際に注意したいのが個人を名乗ったFacebookページで個人の感想のような出稿は、実在しない人物が発言したフェイクニュースとみなされ、広告の出稿停止やFacebookページの利用制限につながるのでやめておきましょう。

個人名でFacebookページを作成し出稿した例。自然な口コミのような広告にはなるが、友人ではない人の投稿に違和感を持つユーザーも多いため、Facebookページはあくまでサービス名や企業名で作成する。偽った個人名での広告出稿は一時的には可能でも長い目で見るとデメリットが多い

またアイコンに関しても、個人の顔写真ではなくイメージ画像を使うほうが良いです。これは広告停止になるという観点ではなく、Facebook広告の仕様上、FacebookやInstagramのタイムラインにFacebookページのアイコンも広告と同様に表示されます。パッと見ただけでは、広告と気が付かず広告を見たユーザーが「こんな人友達にいたかな？」と広告ではなく、そのアイコンに興味や疑問を持ってしまうとせっかくお金をかけて出稿した広告の意味がなくなってしまいます。

セミナーやメルマガの集客など個人をブランディングするような広告の場合は、Facebookページで個人の写真を使ったり、個人の名前を使い、広告を配信するということもありますが、その場合は明確に告知したいことを全面に出す広告が有効です。ランディングページに誘導する前に告知しているものが明確にわかれば広告として違和感なく個人名のFacebookページでの投稿を受け入れることもできますが、一般投稿に紛れ込ませるような投稿は逆効果です。Facebookページはあくまで広告出稿のために作成しているので、アイコンやページ名で広告の足を引っ張るような設定にするのは避けましょう。

ブランディング用に個人名でFacebookページを作る場合は、個人名の後に肩書をプラスすると広告だと理解しやすくなる。広告のテキストでも不明瞭な内容ではなく、ランディングページの内容を明確に伝えることで紛らわしさを消すことができる

→ Facebookページの使いやすさを向上させる

Facebookページさえ作成すれば、広告の出稿は可能ですがFacebookページにいいね！をしてくれた人には半永久的に無料でアプローチできますし、Facebookページも検索エンジンからの集客が可能なため、少しずつでも良いのでFacebookページのユーザビリティを上げておき、

Facebookページからも問い合わせや売上を獲得できるように工夫しておきましょう。

例えば、Facebookページのトップに置いておけるメインボタンはメッセンジャーでの問い合わせの獲得や自社のホームページへのリンク、YouTubeなど外部サイトへの誘導などユーザーからの問い合わせや、知ってもらいたいコンテンツの認知に使うことができます。

また、Facebookページ上部のタブはクーポンページやブログのようなページを簡単に追加できるノートという機能を使って編集することも可能です。メインボタンやタブの編集はヘッダー内の【その他】から【タブを編集】をクリックすると、Facebookページ上部にあるタブの種類や位置の調整、メインボタンの編集が可能です。

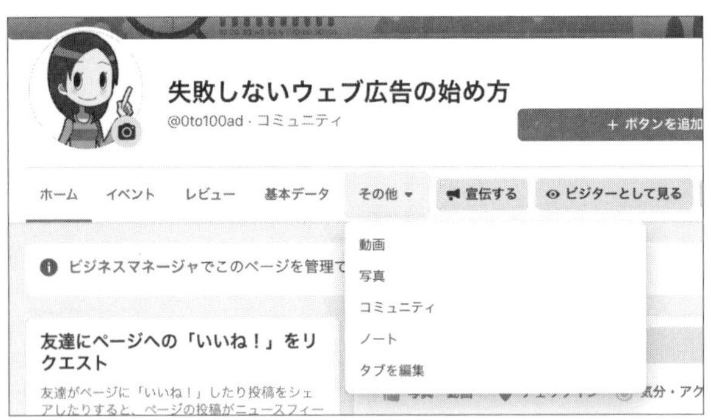

Facebookページ上部にあるタブの編集ができる。パソコンだけではなくスマホからも編集可能

テンプレートというものである程度のタブの種類やメインボタンの種類を決定することができます。今回はボタンがメッセンジャーへの問い合わせ、ノートという機能がオンになっている「公人・著名人」のテンプレートを選択します。

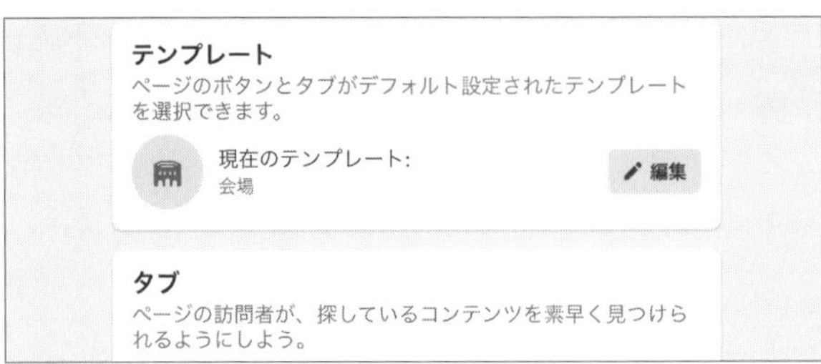

【編集】からテンプレートの変更は可能です

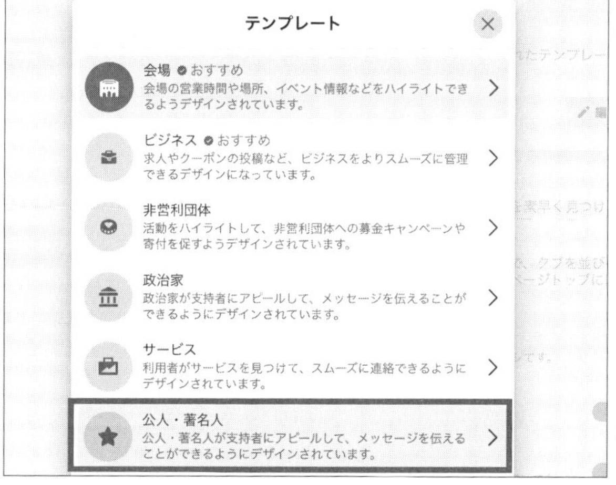

初期段階では会場になっている事が多い。「公人・著名人」のテンプレートを選択する

内容を確認して【テンプレートを適用】で決定する

それぞれのテンプレートを確認してもらうとボタンの内容とタブの種類に違いがあることがわかります。店舗ページであれば道順をメインのボタンにし、クーポンのタブを表示させたりと、そのテンプレートによって初期設定が異なります。タブやメインボタンの内容は細かく変更もできるので、この時点ではメインで使う機能だけ選んでおけば問題ありません。

Facebookページのタブの内容を編集する

次にFacebookページのタブの内容を編集していきます。「公人・著名人」のテンプレートではイベントタブがオンになっていますが、使わない場合はオフにしておいたり、企業によっては求人用のコンテンツやサービス告知用のコンテンツをタブに表示させておくことができます。

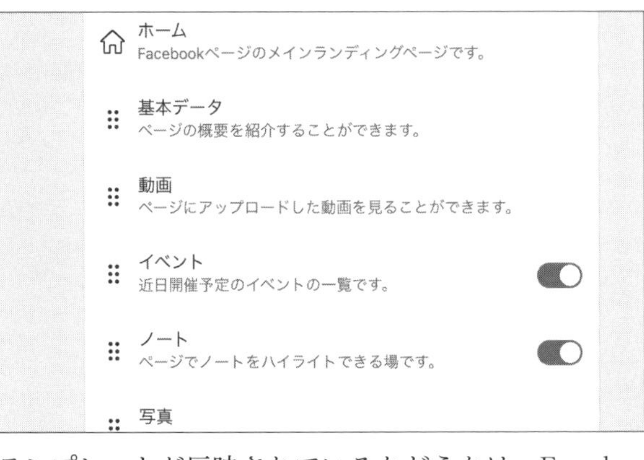

タブの順番はホーム以外はドラッグアンドドロップで位置を変更することが可能です

テンプレートが反映されているかどうかは、Facebookページのトップページに戻ると【ビジターとして見る】というボタンから確認することができます。

タグの編集やボタンの編集をした後などFacebookページを管理者ではなく、他の人と同じ状態で確認する場合は【ビジターとして見る】で確認しましょう

メインボタンの内容も「メッセージを送信」というメッセンジャーで問い合わせできる内容になっているので、テンプレートは問題なく反映されているのが確認できます。確認が終わったら右上の【プレビューを閉じる】で元の管理画面に戻ることができます。

メインボタンの内容を変えたい場合は管理画面に戻って【ボタンを追加】から編集可能です。

メインボタンの内容はホームページやメルマガ登録フォーム、アプリなどの外部サイトへの誘導やメールやWhatsAppなどメッセンジャー以外の連絡先を設定することも可能です

電話番号を設定しているFacebookページであれば、スマホから見た際に「今すぐ電話」をメインボタンにしておくことで電話での問い合わせも可能になります。

アフィリエイトの場合はメインボタンをメッセンジャーやメールでの問い合わせを可能にしておくことで、Facebookページを通じてASPや広告主から特別なオファーが届くこともあります。Facebook広告を見ている人は購入する人だけではなく、出稿したい人も注意深く見ているということを意識してFacebookページを準備しておくと思わぬチャンスが巡ってくるかもしれません。

実店舗がある場合のタブとボタンの設定例

テンプレートを設定した際に店舗運営をされている場合は、クーポンタブを追加したい人も多いはずです。クーポンタブを追加した場合は、クーポンページを作成し、Facebookページ利用者に実店舗に足を運んでもらうきっかけを作ることが可能です。クーポンページはFacebookページの投稿に下にある【作成】→【クーポン】から作ることができます。

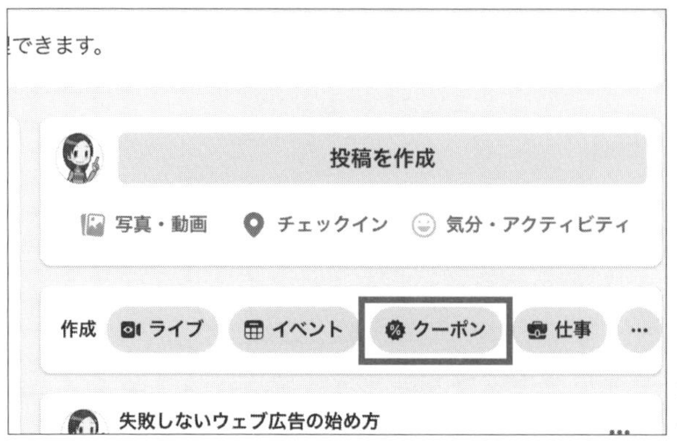

通常投稿の下にクーポン作成ボタンはあります

クーポンを作成することで、Facebookページにいいね！をしてくれたユーザーに投稿が届くので、シェアしてくれたらさらに10%オフなど、シェアされやすい内容にしておくと集客効果が大きくなっていきます。

割引率や期限など細かく設定することが可能です

いいねの数が多くなってくれば、給料日前の期間に3日間限定のクーポンを発行したり、今日は10%オフ、明日は500円引き、明後日は20%オフなど毎日違ったクーポンを発行しながら集客するということも可能です。Facebookページはホームページの延長上のイメージを持たれますが、実際にはいいね！が集まるとメルマガのようにこちらから営業を仕掛けることができるプッシュ型の集客が可能になります。毎回売り込みだけになってしまうのは避けるべきですが、期限を切ったクーポンページを効果的に利用することで普段の投稿とは違う見せ方で来店動機につなげることが可能になります。

メインボタンの設定に関しては「今すぐ電話」を設定しておくと問い合わせがスムーズになりますし、自社のホームで詳しいサービス内容やメニュー写真など用意していればそういったページへのリンクを設置しておくと問い合わせや予約につながっていきます。店舗の業種やFacebookページで行いたい内容によって使い分けましょう。

→ ノート機能を使いコンテンツを充実させよう

Facebookページを作っても外部サイトへのリンクがメインのページだと利便性が低く、ユーザーの利用頻度も少なくなってしまいます。ただ、Facebookの投稿だけではコンテンツとして乏しいと感じている人も多いはずです。しかし、Facebookページにはノートというブログのように画像を複数使ったページを簡単に作成する機能が存在します。実は個人ページでもこのノート機能は使えるのですが、多くの人が気がついていないため、あまり使われていない便利な機能です。

●ノートで投稿した飲食店のメニュー例

カツオのたたき茶漬け 1100円（税込）

旬のカツオと特製出汁を使った贅沢な締めの一杯。

旬のカツオと特製出汁を使った贅沢な締めの一杯

みやざき地頭鶏の炭火焼き 980円（税込）

大きな写真をレイアウトし、見出しにメニュー名を入れて、文章でメニューの説明をしてページを構成しています。ノートを作成することでFacebook内で店舗のサービスの詳細や口コミページなどを作成することが可能になります

ノートを使うことで、メニュー表のような多くの画像と簡単な文章で作成するコンテンツをFacebookページ内に作成することもできますし、サービス毎の口コミを掲載することも可能です。

ノートを作る際は上部タブの中から【ノート】を選択し、【ノートを追加】から作成することができます。

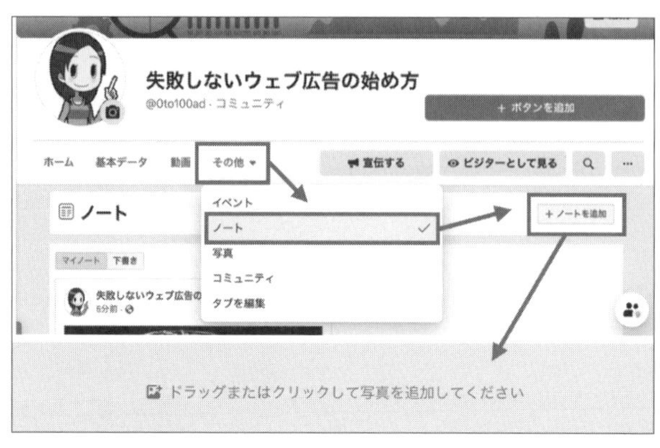

ノート上部にカバー画像とノートのタイトルを入力し、ブログのように太字や見出しをつけながら作成できる

通常投稿では画像は決まった形式にまとまってしまいますが、ノートを使った場合はブログのように画像を任意の順番で表示させながら、文章をその間に挟んだり、文章を読んでもらった後に外部サイトへの誘導をするということも可能です。細かいHTMLを編集するということはできませんが、見出しや画像の右寄せ、左寄せなどもできるため、長文のコンテンツを作成したいときに便利な機能です。

また、ノートの投稿時だけではなく、ノートを再編集して更新した際にもいいね！を押したユーザーに通知が飛ぶので会社の実績や商品の販売ページの口コミや体験談を載せるというコンテンツに向いています。通常投稿は日常を切り取った投稿に利用し、ノートは更新することで信頼や興味が膨らむ情報で利用するという使い分けをしてみるとFacebookページでのファン獲得により効果が高まります。

●コンテンツ別のおすすめの投稿場所

通常投稿向き	ノートへの投稿向き
● サービスの開発秘話や日々の社内風景 ● 料理で使っている素材へのこだわりや調理風景 ● セミナーやイベントの告知	● サービス、商品の詳細ページ、口コミや体験談の掲載 ● メニュー表やスタッフ紹介 ● セミナーへの感想やイベント実績の掲載

Chapter 03

Facebook広告の集客を成功させるための準備

Facebookページにいいね！が増えると得られるメリット

Facebook広告の効果を上げるためには

Facebookページへのいいね！が増えることで、Facebook広告自体の費用対効果を高め、トータルコストを下げていくことにつながっていきます。その他にもFacebookページにいいね！が増えることで得られるメリットがあります。

それはFacebookページにいいね！を付けてくれたユーザーのタイムラインにFacebookページに投稿した内容が表示されるようになるということです。Facebookページへの投稿は無料できるので、投稿した内容がいいね！を付けてくれたユーザーに届くということは、無料でそのいいね！を付けてくれたユーザーにメルマガを配信しているような状態になるということです。もちろん、この仕組を活用して、Facebookページに投稿した内容から自社のホームページや商品の販売ページに誘導することもできます。

また、Facebookページに、ユーザーにとって有益な情報やSNS映えする写真を投稿することで、Facebookページにいいね！を付けてくれたユーザーから、投稿にもいいね！を付けてもらうことができます。さらに、投稿のシェアが起こることで、いいね！を付けたユーザーの友達からいいね！を獲得することにもつながっていき、シェアされた投稿からFacebookページを訪問し、Facebookページにいいね！を付けてもらえるという連鎖が生まれることもあります。

こうしたメリットを知ってしまうとつい自社商品の売り込みばかりを投稿したくなってしまいますが、どのような内容の投稿がユーザーに好まれるのかを考える必要があります。

●いいね！がつくとFacebookページの投稿がタイムラインに表示される

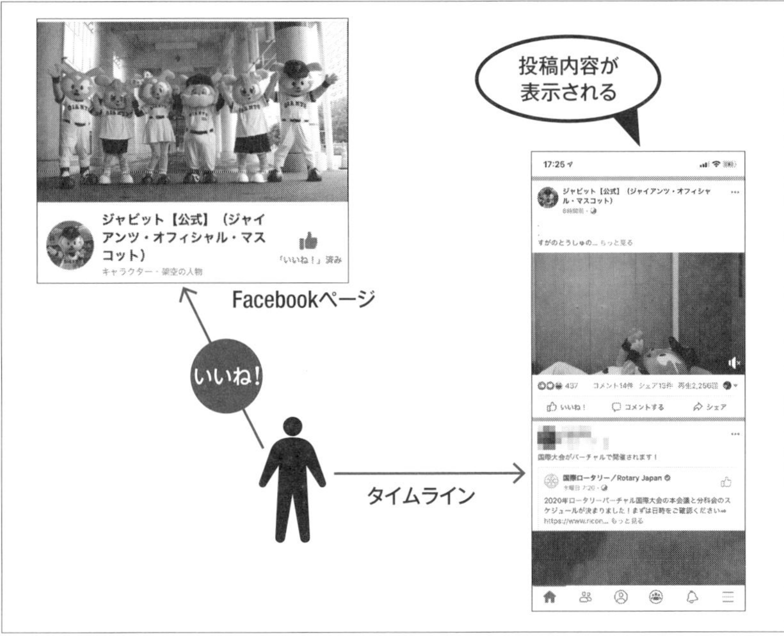

そもそも、ユーザーがなぜFacebookページにいいね！をしてくれたのかを考えてみましょう。ユーザーは決して売り込みがされたくていいね！を付けたわけではありません。そのFacebookページ見て、その会社や商品に関する有益な情報が知りたくていいね！を付けた可能性が高いため、その大前提を考慮して投稿内容を検討する必要があります。

ユーザーに好まれる投稿とはどのようなものなのか考えてみましょう。例えば、ANAのページにいいね！を付けた場合、そのユーザーは航空券の売り込みばかりが見たいのではなく、旅行先のきれいな景色、お得なキャンペーン、路線の就航情報、マイルなどの関連の情報が知りたいと思っていると予測できます。それを踏まえて、ANAのFacebookページにどのような投稿がされているのかを見てみると、旅行先の景色、客室乗務員しか知らないようなお取り寄せグッズの紹介、ご当地のおいしい食べ物の紹介、仕事内容の紹介などが投稿されています。

●ANA JapanのFacebookページの投稿例

Facebookページでは商品の販売よりも商品を手にとった後の世界を想像させるコンテンツを投稿するとユーザーからの反応も良くなり、投稿が増えてもタイムラインに表示されるFacebookページになる

Facebookページへの投稿は、まずFacebookページにいいね！を付けたユーザーのタイムラインに表示されます。設定にもよりますが、投稿にいいね！を付けるとその内容がユーザーの友達のタイムラインにも表示されます。さらに魅力的な情報だと、シェアをしてもらえる可能性もあります。

このように、一つの投稿がFacebookページにいいね！を付けたユーザーのタイムラインに表示されるだけでなく、さらにその友達へ、友達へと広がっていく可能性を秘めているのです。このような流れを意識し、いいね！やシェアをしてもらえるような内容を投稿することが効果的です。

Facebookの1つの特徴としてFacebookページの投稿やFacebook広告にもいいね！やシェア、コメントを付けられるというものがあるので、投稿や広告が拡散されることで二次的な集客も期待できます。

●いいね！が拡散する仕組み

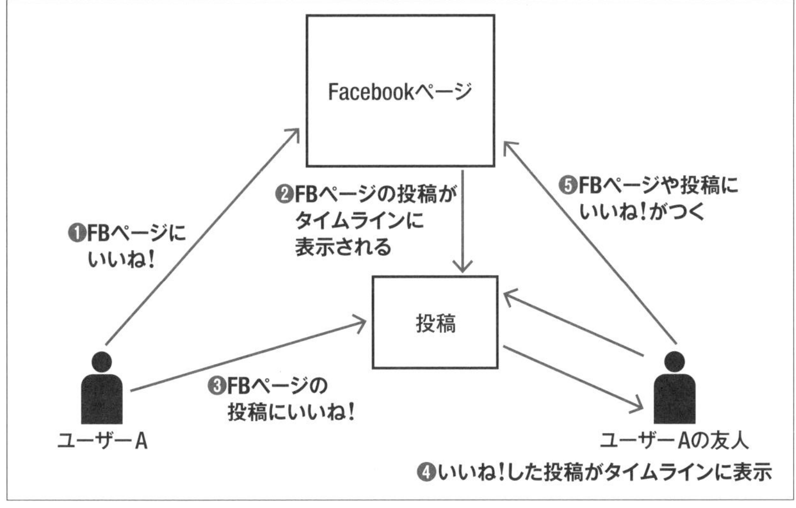

Facebookページに投稿する内容は、売り込みとユーザーにとって魅力的な情報の投稿のバランスを考えて調整する必要があります。少なくとも売り込みよりもユーザーにとって魅力的な情報を多く、6：4や7：3、できれば8：2や9：1といった割合で売り込みを少なくしていくことが大切です。投稿の拡散ができるということがポジティブな拡散だけではなく、ネガティブな拡散も起こる可能性があります。なので、売り込みやネガティブな議論が生まれる投稿は避けるようにして、売り込み投稿の具体的な割合は、ユーザーの反応を見ながら検証していけばいいでしょう。

自社商品の売り込みやプロモーションをする場合も、売り込みに見えないように工夫をすると効果的です。例えばダイエットのサプリメントを販売したい場合、健康的に痩せられる食事や運動、自社商品をより効果的に続けるためのポイントなど、商品に関連したユーザーにとってためになる情報プラスαで自社の商品を紹介することで、「売り込み」を強く出さず自社の商品を紹介することができます。売り込みだけをすると、どうしてもネガティブに受け取られてしまいがちですが、有益な情報をプラスすることでポジティブないいね！の獲得や、投稿のシェアにもつながるのです。

Facebookページのいいね！が増えたあとは、思わずシェアしたくなる魅力的な情報やSNS映えする写真などを投稿すると、そこからさらにいいね！やシェアが生まれ、効果が拡大していきます。投稿内に自社ホームページへの誘導なども加えると無料で集客もできるのです。ただし、長い間投稿がないとユーザーの反応も鈍くなる上、Facebookの仕様としてタイムラインに表示されづらくなるため、月に2～3回、できれば週に1～2回の投稿を意識するようにしましょう。

通常投稿の他にもイベントの告知やライブ動画の配信なども行うことができる。ライブ動画はスマホからのほうが簡単で、編集の手間もかからないのでおすすめです

継続的にFacebookページに好意的な反応が生まれる投稿が増えると、Facebookページから自社のホームページや商品にアクセスが増える、Facebookページにいいね！が増えるというメリットにつながります。さらに、Facebookページへのいいね！が増えることでFacebook内での評価が上がり、Facebook広告を出稿した際も優先的に広告が配信されるようになります。その結果、広告がCPCやCPMが低い状態で配信されることになり、広告の費用対効果が高くなりやすいのです。

Facebook広告を出稿するというと、広告内容やランディングページなど、直接広告に関係していることだけに目を向けてしまいがちです。ですが、Facebook広告の場合はFacebookページを活用することで、広告の効果を何倍にも増やすことも可能なのです。Facebookページの対策をしっかりと行い、効率的にFacebook広告を利用しましょう。

Section 02

Facebookページのいいね！の増やし方

いいね！を増やすFacebookページの投稿

Facebookページのいいね！を増やすことができれば、Facebook広告の費用対効果の上昇にもつながります。では、Facebookページのいいね！はどのようにして増やせばいいのでしょうか。

Facebookページのいいね！を増やすためには、まずFacebookページを充実させる必要があります。具体的には、Facebookページ内で商品に関する豆知識やSNS映えする写真など、ユーザーにとって利益のある情報、魅力的な情報を定期的に発信、投稿します。そして、Facebookページへの投稿をできるだけ多くの人に見てもらえるような工夫をしていきます。

Facebookページをできるだけ多くの人に見てもらう方法としては、直接シェアをする方法と、Facebook広告を利用する方法の2つがあります。

Facebookページのいいね！を増やすためには、まずはFacebookページの中で投稿した情報を自分の個人ページでシェア、自社ホームページで告知などをして、できるだけ多くの人の目に触れるようにします。地道にFacebookページのシェアを続けることで、少しずついいね！が増え認知度アップにもつながります。

●無料でいいね！を獲得するアイディア

自分の個人アカウントのFacebookへの投稿でFacebookページを紹介する

自分のメディア（ブログ、メルマガ、ホームページ）でFacebookページを紹介する

Facebookページに質の高い情報を投稿し拡散を狙う

ただし、この方法ではすでにあなたの会社、商品、あなたのことを知っている、顧客に近い状態の人のいいね！しか集められないため、新たな顧客を集める効果はあまり大きくありません。

→ Facebook広告を使ったいいね！の増やし方

これからFacebook広告をはじめようとする人が土台となるいいね！を増やすためには、Facebook広告を使った方法が効果的です。Facebook広告を使ったいいね！の増やし方なら、自分の商品を知らない、自分の会社を知らない人たちから、いいね！を獲得することができ、今後Facebook広告を使って商品を販売する際のターゲットに近い属性のユーザー獲得につながります。つまり潜在的な顧客を獲得することができるのです。

いいね！を集める広告の詳しい出稿方法は後述しますが、商品を販売する際のターゲットに近い属性のユーザーからいいね！を集めておくことで、トータルの広告の費用対効果を高めることにつながります。また、いいね！を集める広告の出稿方法は、商品を販売する広告に比べて設定が簡単なので、Facebook広告を出稿する練習になるというメリットもあります。

Facebook広告の費用対効果を上げて運用を成功させるためには、その土台となるFacebookページのいいね！を増やすことが重要です。そのためには地道にFacebookページのシェアや告知するだけではなく、Facebook広告も活用しましょう。Facebook広告を使うことでいいね！を増やす時間の短縮にもつながりますし、今後出稿するFacebook広告の費用対効果アップが期待できるのです。

●シェアと広告のメリットデメリット

	メリット	デメリット
広告でいいね集め	• 時間が短縮される • 広告に必要な潜在層が集まる	• お金がかかる • 広告の設定を覚える必要がある
FBページのシェア	• 無料でできる • すぐに始められる	• 時間がかかる • 知り合いしか集まらない

Section 03 Facebookページへの効果的な投稿方法

Facebookページへの通常の投稿方法

広告を出稿するためのFacebookページができ上がったら、Facebookページに投稿をしていきます。Facebookページの投稿は通常のFacebookのSNS投稿と同じくテキストだけでも可能ですし、写真とテキスト、または告知したいサイトのURLを一緒に掲載することも可能です。

アフィリエイト目的の場合はFacebookページへの投稿まではする必要はありませんが、Facebookページも検索エンジンからの流入や、広告経由でFacebookページへのいいね！が増えた場合にブランドイメージを作るものなので、商品の紹介だけではなく、企業としての取り組みやこだわり、社員の日常、社内イベントの紹介などをメインに行なっていきましょう。

ビジネスマネージャからFacebookページを開き投稿することもできますし、管理者となっている個人アカウントからもFacebookページを開き投稿することが可能です

Facebookページのトップページから「投稿を作成…」の部分をクリックして投稿したい内容を入力していきます。

テキストやURL、写真など投稿したい内容を入力したら、【今すぐシェア】をクリックしましょう。【Preview】をクリックすると投稿後の状態を確認した上で投稿することもできます。

通常の個人アカウントへの投稿と変わらない投稿方法です。テキストだけでは情報量が少ないので、写真とテキストは必ず入れましょう

投稿が終わるとユーザーに投稿が表示されます。

→ Facebookページへの反応を確認しよう

Facebookページへの投稿の反応を確認するには、Facebookページのインサイトを確認しましょう。Facebookページ上部に表示されている「インサイト」をクリックすると特定の期間のFacebookページの投稿のリーチ数やいいね！の数などを確認することができます。

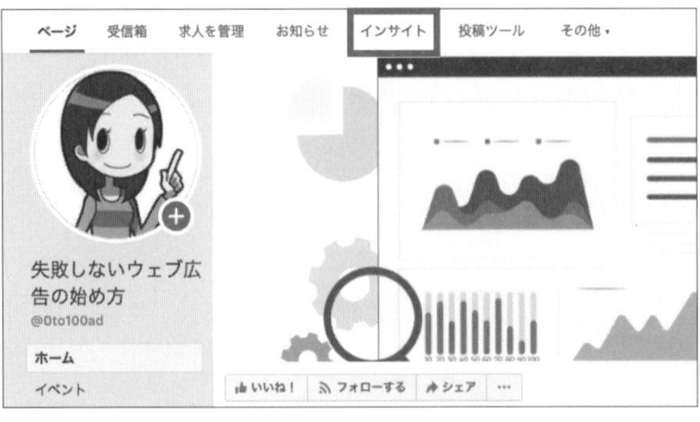

「インサイト」はブログでいうとアクセス解析の役割をする機能です

投稿別のリーチ数（投稿がユーザーのタイムラインに届いた数）やエンゲージメント数（いいね！やコメントなどのユーザーアクションの数）も見ることができるので、ユーザーに好まれる投稿を数値として把握することもできます。闇雲に投稿を増やすのではなく、パターンをいくつかに分け投稿を繰り返し、反応の良いパターンの投稿に磨きをかけていきましょう。

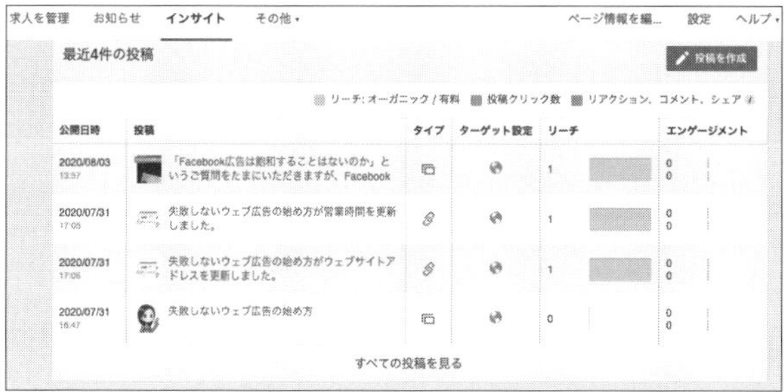

反応の良い投稿の傾向を見極めていいね！を集める広告に転用したり、投稿の方向性を決定し、よりFacebookページの反応を上げる施策を打つために活用できる

ホームページのSEO対策や広告運用とはまた違うSNS対策という側面が強いインサイト分析ですが、ここがしっかりとできていると広告の反応や商品開発にも活かせる部分が大きいので、ぜひとも活用してみてください。

→ 様々なSNSへ同時投稿もしてみよう

すでにTwitterやInstagramなどのSNSを更新している場合、Facebookページというプラットフォームが増えると更新するのが大変になるという人も多いはずです。そんな時に使っていただきたいのがIFTTT（イフト）という無料のサービスです。

IFTTTはSNSやブログへの投稿を支援するようなサービスで「これをやったらあれも一緒にやる」というの設定しておくと、自動的に行なってくれるサービスです。例えば、「ブログを更新したらTwitterに投稿する」「Instagramに投稿したらFacebookページにも投稿する」などブログやSNSの連携を簡単に行うことができます。

実はスマートスピーカーなどとも連動させ、「おはようとスマートスピーカーに言ったら部屋のエアコンをつける」というようなこともできる便利なサービスなんですが、今回はInstagramに投稿したらFacebookページとTwitterに投稿される設定を解説していきます。

まずはFacebookページとInstagram、Twitterのアカウントはご自分のものや仕事用のものを準備してください。IFTTTの画面右上の【Sign up】からIFTTTのアカウント作成していきます。

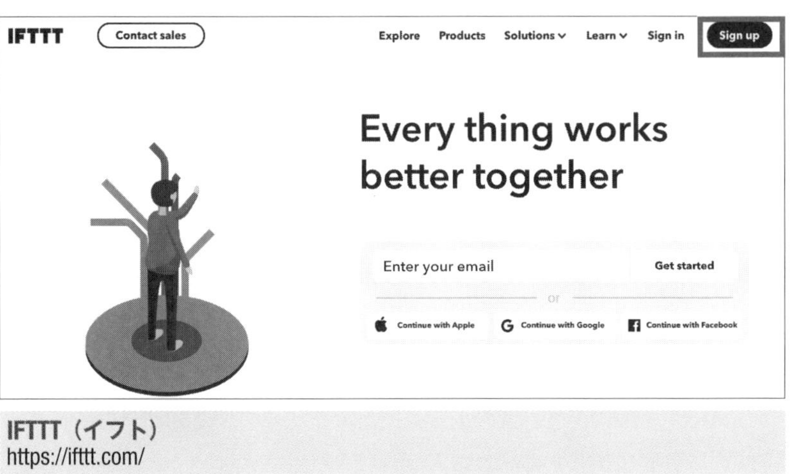

IFTTT（イフト）
https://ifttt.com/

このようにGoogleアカウントやFacebookアカウントと連動もできるので、今回はFacebookアカウントと連動する形で進めていきます。

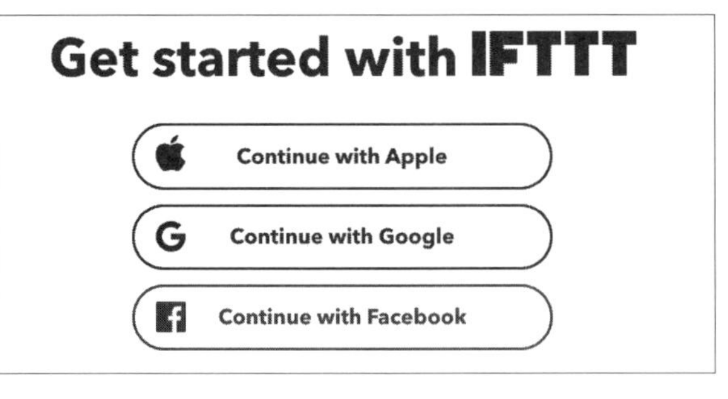

アカウント連動でログインするとその後の設定もスムーズになります

ログイン許可をする画面が立ち上がるので、表示内容を確認しログインします。Facebookページやインスタグラムアカウントも初回に使用する場合はアクセス許可の画面が立ち上がるので、内容を確認しIFTTTからのアクセスを許可してください。

Facebookの情報へのアクセスを許可してログインします

IFTTTにログインしたら右上の【Create】から連動の設定を行っていきます。まずは「Instagramに投稿したらFacebookページに自動的に投稿する」という設定を作っていきます。この時に連動設定をIFTTTではレシピと呼びます。

投稿ルールは【Create】から作成していきます

次の画面で「This」の部分をクリックし、今回のレシピのトリガーとなるInstagramのアクションを設定していきます。

「This」の部分からサービスを選択しルール作りを開始します

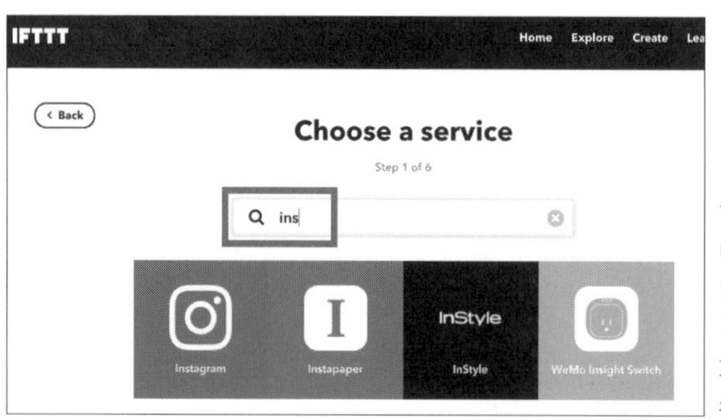

サービスの検査作画面では文字を入れる毎に検索されるのでInstagramなら「ins」のように文字を入力して使いたいサービス名を検索してみましょう

Instagramでトリガーにするアクションは「Any new photo by you」(Instaに写真を投稿する）にしましょう。その他にも特定のタグをが入った写真のときや、動画、特定のタグをが入った動画のときになどトリガーとなるアクションは細かく指定できます。

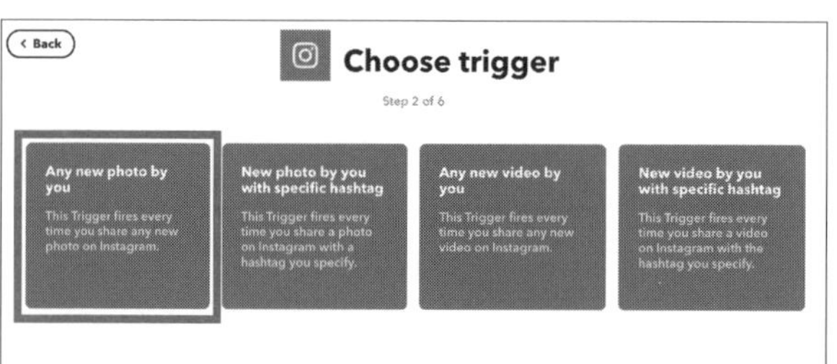

予め用意されたテンプレートから選択していきます

次の画面では「That」の部分になるFacebookページに投稿するとうアクションを設定していきます。

「That」で「This」がトリガーとなって起こすアクションを指定していきます

次の画面でサービス名を選ぶ際は「Facebook」ではなく「Facebook Pages」を選ぶようにしてください。

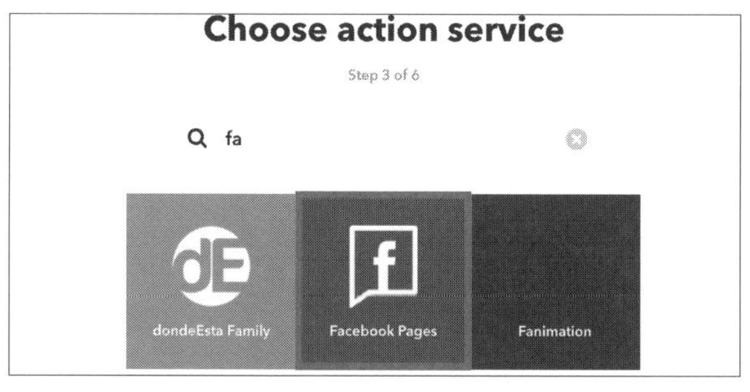

Facebookページが作成されていないと設定できないので、先にFacebookページは作っておきましょう

Facebookページが複数ある場合は、本書で作成したFacebook広告に出稿するためのFacebookページを選択して進んでください。

すでに作成しているFacebookページの名前が表示されます

Facebookページに行うアクションを選択しますが、「Upload a photo from URL」を選択します。「Create a Link post」でも投稿は可能ですが、スマホなどの自動連動のようにFacebookページにInstagramの投稿へのURLだけがFacebookに投稿され、わざわざクリックしないとInstagramの投稿の投稿内容がわからない状態になります。

投稿さえできればよいというわけではなく、できるだけ自然に投稿されそれぞれの媒体のユーザーにクオリティの高い投稿見てもらうためにも「Upload a photo from URL」で設定しましょう。

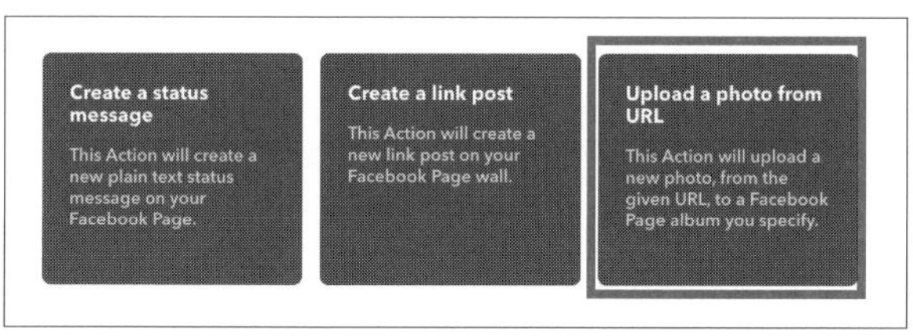

「Upload a photo from URL」を指定するとInstagramに投稿した写真がFacebookページで写真付き投稿として反映されます

このアクション内容の指定画面では、【Photo URL】には「SourceUrl」を入れ、【Message】には「Caption」「Url」を指定して、画面下の【Create action】をクリックします。【Message】の「Url」はInstagramへのリンクになるので、不要であれば削除しておいても問題ありません（後からでも設定は変更できます）。

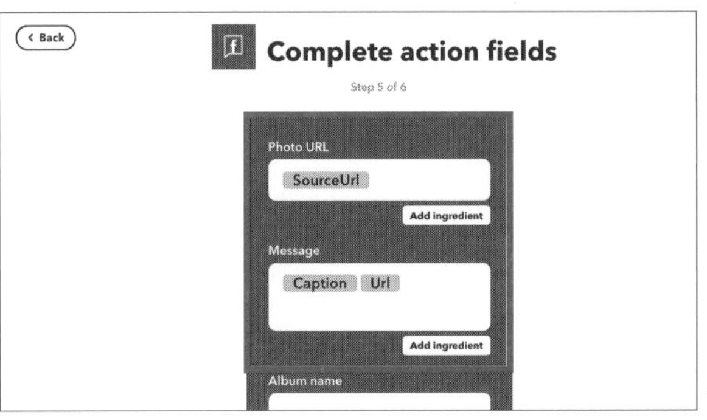

この設定画面は後からも変更が可能です

同様に【Create】から「Instagramに投稿したらTwitterにも自動的に投稿する」という設定を作っていきましょう。Instagramでトリガーにするアクションは先ほど同様に「Any new photo by you」、「That」の部分で設定するTwitterのアクションは「Post a tweet with image」を選択します。

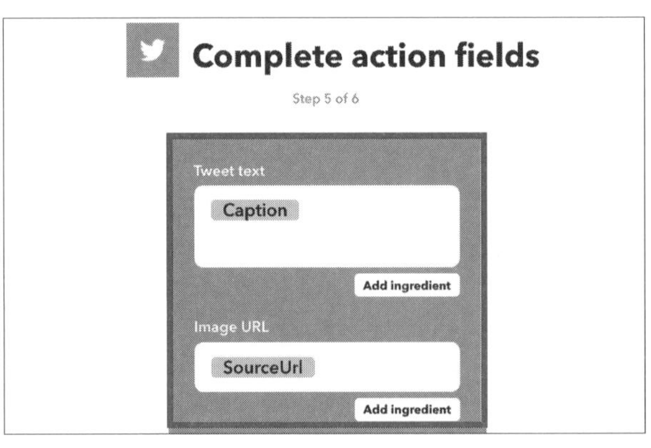

Twitterも設定しておくことで各SNSへの投稿の手間を減らすことができる

アクションは【Tweet text】には「Caption」を入れ、【Image URL】

には「SouceUrl」を指定して【Create action】をクリックします。これでInstagramに投稿したらFacebookページとTwitterに投稿されるレシピが2つ完成しました。

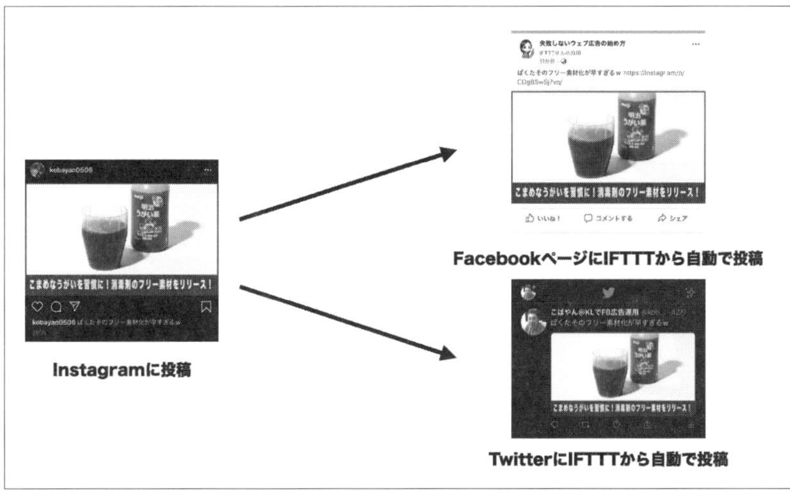

Instagramに投稿するとFacebookページ、Twitterに同様に投稿が行われる。IFTTTは即時発動ではなく、約15分毎にトリガーの確認を行うので多少タイムラグは派生します

実際にInstagramに投稿するとこのようにFacebookページとTwitterにも同様の写真が投稿されます。最近はブログの更新、SNSの更新など様々なメディア運営をしなければならないという社長さんや広告運用者も多いと思いますが、メディアが増えると更新を怠ってしまいがちです。ただ、IFTTを活用し、どこか1つを更新すればすべての媒体がスムーズに更新されれば、広告を打ちながらメディア運営もできるため、広告での集客効果を各メディアに派生させることも可能になります。

複数メディアをお持ちの方は、こうした無料サービスも活用しながらFacebookページの充実化も図ってみてください。

Facebook広告で使用するべきキャンペーンの目的とは？

→ キャンペーンの目的はすべて使う必要はない

Facebook広告のキャンペーンにはたくさん種類があります。ですが、全てを使いこなす必要はありません。Facebook広告のキャンペーンには目的があり、広告の目的に応じて適切なものを選択する必要があります。

キャンペーンの目的は大きく分けて【認知】【検討】【コンバージョン】の３つがあります。これらはさらに、【認知】は【ブランドの認知度アップ】【リーチ】、【検討】は【トラフィック】【アプリのインストール】【動画の再生数アップ】【リード獲得】【投稿へのエンゲージメント】【ページへの「いいね！」】【イベントへの参加を増やす】【メッセージ】、【コンバージョン】は【コンバージョン】【カタログ販売】【来店数の増加】に分かれています。初期状態では【検討】の中の【トラフィック】という広告の表示回数を増やす目的が設定されています（クイック作成で作成した場合）。

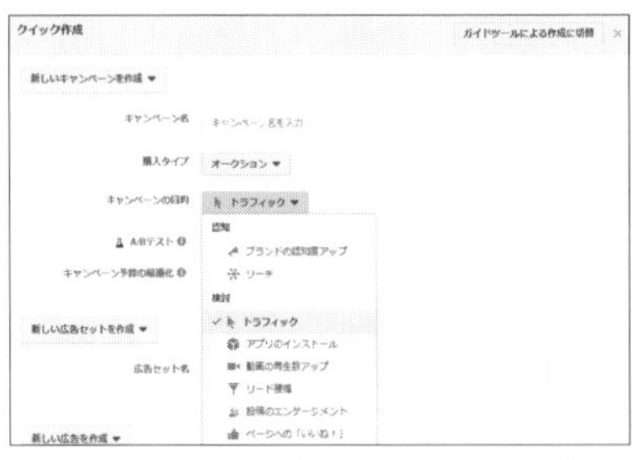

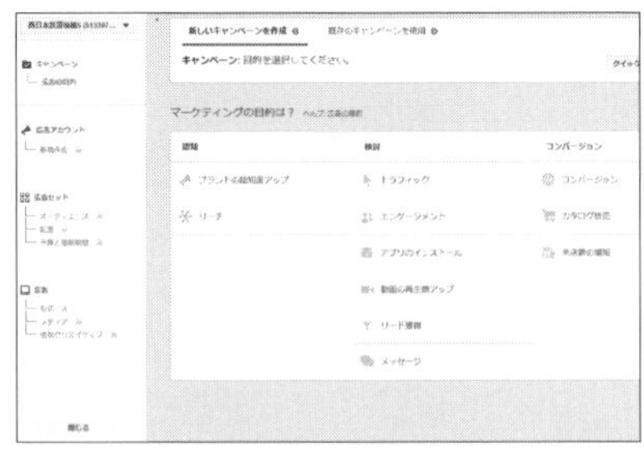

広告の作成方法には「クイック作成」と「ガイドツール」を使ったものがありますが広告の効果は同じです（本書では「ガイドツール」での出稿方法を解説しています）

初めてFacebook広告を利用する人はどのキャンペーンの目的を選べばいいのかわからないと思います。ですが、全ての機能が使えなくても売上、利益を上げることは可能です。

→ 使うべきキャンペーンの目的は2つだけ

本書で解説するFacebook広告の売上を増やす上で選択するべきキャンペーンの目的は2つだけです。

1つ目が「検討」にある【ページへの「いいね！」】というキャンペーンの目的です。Facebook広告を出稿には必ずFacebookページが必要になりますが、【ページへの「いいね！」】はFacebookページへのいいね！を増やすための広告キャンペーンです。Facebookページにいいね！が増えるとFacebook内での評価が上がり、その結果CPCやCPMが下がり、広告の費用対効果を上げることが期待できます。

2つ目が【コンバージョン】の中にある【コンバージョン】というキャンペーンの目的です。【コンバージョン】は、ユーザーに特定のアクションを促しターゲットを絞り込んでいくための広告です。

→ 【コンバージョン】はメールアドレスの獲得や商品の販売

【コンバージョン】は商品を販売する際によく使われるキャンペーンの目的ですが、【コンバージョン】という広告キャンペーンは、設定の方法を少し工夫していくことでかなり広い使い方ができます。

例えば、本書で紹介しているような購入完了に至ったユーザーと似たユーザーに絞り込む、ということだけではなく、販売ページに到達したけど購入完了に至ってはいないユーザーのみに広告を配信することもできます。

その他にもユーザーのメールアドレスを獲得する、リスト集めにも使うことができます。メールアドレスの獲得は、「検討」の中の「リード獲得」がメールアドレスを獲得するための広告キャンペーンに該当します。ただし、「リード獲得」で獲得できるメールアドレスは、ユーザーがFacebookの登録時に使用したメールアドレスである事が多いため、普段は使っていない可能性も高いです。

【コンバージョン】でリスト集めをする場合、クーポンや無料レポートなどプレゼントするようなフォームを作成しておくことで費用対効果が高くなります。リード広告とは違い、コンバージョン広告ではフォームにユーザーがメールアドレスを自ら入力するため、今使っている有効なメールアドレスを獲得できます。広告の自由度も高く、今使っているメールアドレスを獲得できる分、リスト獲得後のオファー成功率も高くなる場合が多いのでリスト集めをする場合も「リード獲得」より【コンバージョン】の使用をおすすめしています。

【ページへの「いいね！」】と【コンバージョン】以外に、他のキャンペーンも使ってみたいと思う人もいるかもしれません。例えば、【ブランドの認知度アップ】や【来店数の増加】なども魅力的に見えるキャンペーンです。ですが、これらの目的はFacebookページへのいいね！を増やすことでも達成でき、さらに継続した集客効果をFacebookページを使って作り出すことができます。

【イベントへの参加を増やす】、【アプリのインストール】に関しても【コンバージョン】を目的にしたほうが広告の自由度が上がり、費用対効果が高くなるケースが多くなっています。

まずは、【ページへの「いいね！」】でできること、【コンバージョン】のキャンペーンでできることをしっかりと理解しましょう。その上でキャンペーンを見てみると、全てのキャンペーンの目的を使わずとも売上拡大ができることがわかってきます。まずは本書で紹介していく2つのキャンペーンの目的をしっかりと理解して活用することを優先していきましょう。

COLUMN 2021年4月以降に必須になった作業とは？

AppleのiOS14以降にITP（Intelligent Tracking Prevention）が強化され、個人情報の取り扱いが厳しくなり、それに伴いFacebook広告でも広告配信を最適に行うための手順が多くなりました。特に2021年4月以降はコンバージョン広告を出稿する前にドメイン認証を行い、カスタムコンバージョン作成後に合算イベントというFacebookがデータを取りやすくする作業を行なわないと出稿自体できなくなっています。ルール変更があった際は「おわりに」でお伝えしている読者専用ページで対応方法もお伝えしていくので定期的にご確認ください。

いいね!を増やす広告の出稿方法とポイント

→ いいね！を増やす広告で反応を高めるには？

ここからはFacebookページにいいね！を増やすための広告の出稿方法について解説していきます。キャンペーンの目的を【ページへの「いいね！」】にして広告を出稿することでFacebookページにいいね！を増やしていくわけですが、広告でFacebookページを告知するというイメージよりも、「SNS映えするような写真、動画」などの投稿の1つを広告としてユーザーに届けて、その広告にいいね！がつくことでFacebookページのいいね！が増えるというイメージに近い広告が【ページへの「いいね！」】の広告になります。

●広告でもFacebookページにいいね！は集まる

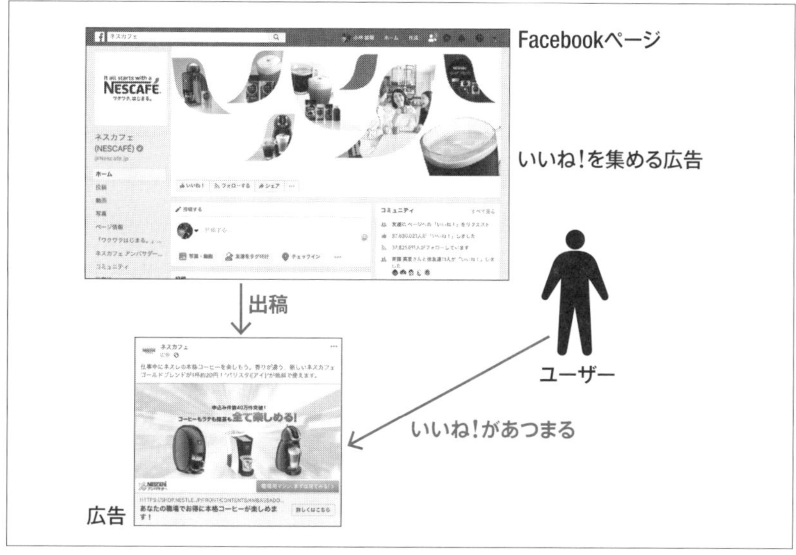

Facebookページはコンバージョンを目的として、広告でも使用するため、Facebookページの内容はコンバージョンを目的とした、販売する商品と関連した情報が良いです。そのため、いいね！を集める広告の内容もコンバージョン広告の内容から離れすぎないようにしましょう。ただし注意したいのは、売り込みの広告をしてもいいね！を獲得するのは難しいということです。

商品のことばかりを紹介するのではなく、そこから派生、関連する役立つ情報やSNS映えするような写真や動画を利用することで、いいね！が獲得しやすくなります。

大手企業の投稿内容を真似るというよりもどういう視点でユーザーにブランドを認知してもらい再来店につなげているかを研究してみよう

大手企業で出稿している広告やFacebookページに投稿されている内容を参考にするのもいいでしょう。例えば、スターバックスであれば自社で販売しているコーヒーのアレンジレシピ、資生堂であれば「女性が美しくなる」という化粧品から派生する美に関する話題として、自宅でできるエクササイズを紹介して、いいね！を集めることに成功しています。

他にも、動物の可愛い動画などと自社の商品を絡めて紹介する、いいね！が集まりそうな、SNS映えしそうな写真を使用して広告を作成することで、いいね！を増やす広告への反応も上がっていく傾向にあります。

広告アカウントの作成方法

広告出稿には広告アカウントは不可欠

いいね！を集める広告はもちろんFacebook広告を出稿するには、広告アカウントの作成が必要になります。Facebookページを作成したときと同じくビジネスマネージャの左上のメニューから【ビジネス設定】を開いて広告アカウントの作成を行っていきます。

画面左のメニューの【アカウント】から【広告アカウント】をクリックし、【+追加】ボタンをクリックします。【新しい広告アカウントを作成】をクリックします。

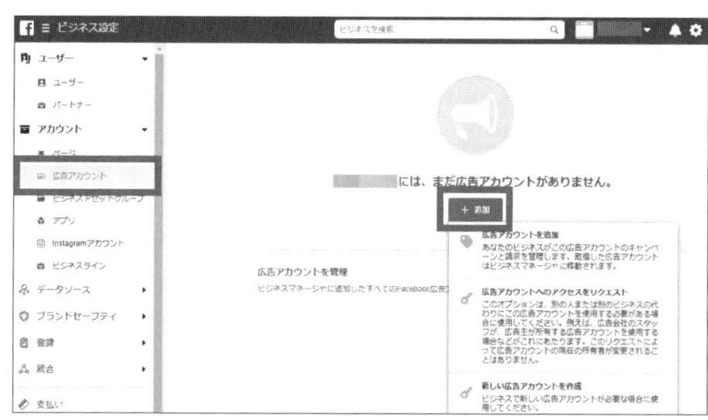

広告アカウントの作成はビジネス設定から行います

広告アカウント名、広告を表示する国の時間帯、支払い通貨を選び、【次へ】をクリックします。Facebook広告は日本のみならず世界中から出稿できるため、この設定はとても重要です（このときに選んだ通貨は後から変更できませんのでご注意ください）。

広告アカウント名もどこかに表示される名前ではないのでわかりやすい名称をつけましょう

次の画面で誰のビジネスのために広告を出稿するか？　という項目が出てきますが、アフィリエイトの場合でも自分のビジネスを選択し、【作成】をクリックします。

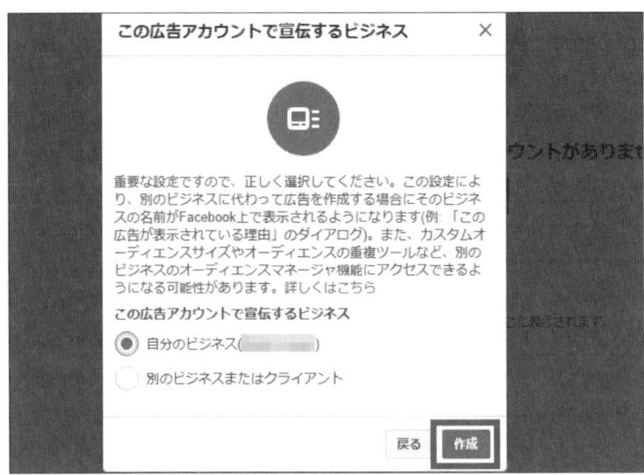

運用代行のような特殊のケースの場合は「別のビジネスまたはクライアント」を選択する

次の画面では、ビジネスマネージャ内のどのユーザーに作成した広告アカウントの権限を付与するか？　というのを選択する画面が出てきます。管理させる人にチェックを入れ、「キャンペーンの管理」と「広告アカウントの管理」のボタンをオンに（クリック）して【アクセス許可を設定】をクリックします。

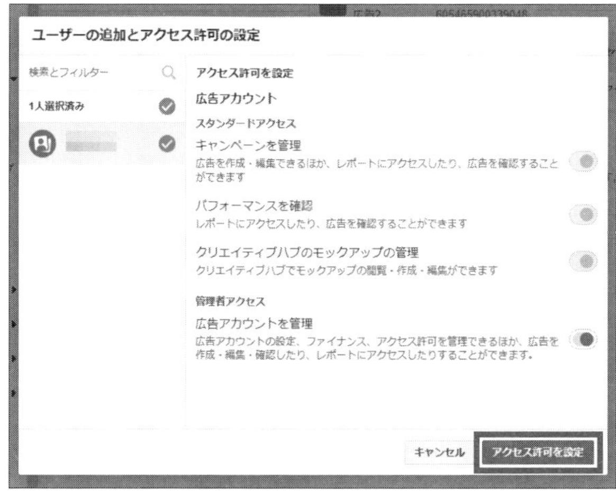

画面では自分だけしか表示されていませんが、ビジネスマネージャに複数のユーザーを追加している場合はこの時点で管理権限を細かく付与することも可能です

これで広告アカウントは作成されました。画面右上にある【広告マネージャを開く】をクリックすると広告の出稿や管理ができる広告マネージャを開くことができます。

この画面で自分の名前が表示されていない場合は上記画面で管理者の設定をしていないということなので、ユーザーを追加から自分を追加します

→ 広告アカウントを増やす方法とメリット

個人アカウントで広告を出稿する場合、広告アカウントは1つのみですが、ビジネスマネージャを作成することで広告アカウントをビジネスマネージャに追加することができます。ビジネスマネージャを作成した時点では、広告アカウントは1つしか作成できませんが、広告実績を重ねるにつ

れ、追加できるアカウントの数も増えていくのです。

ビジネスマネージャ内に追加できるアカウント数は、どれくらいの広告を出したかという実績によって変わってきます。広告アカウント1つの状態からスタートして、広告費を数千円使った時点で広告アカウントの上限数が5つに増えます。その後は、広告出稿の実績や広告運用の評価に応じて増えていきます。Facebook内での評価によって広告アカウントの数は決まるため、基準が明確に提示されているわけではありません。評価次第では30個、80個、場合によっては100個以上の広告アカウントを増やす権利をもらうことができます。

ビジネスマネージャ内に広告アカウントを増やす権利をもらえたからといって、必ずしもすべての広告アカウントを使う必要はありません。ただ、広告費が増えてきたり、同じ商品でも想定するターゲットを変える場合は広告アカウントを複数使うことをおすすめします。

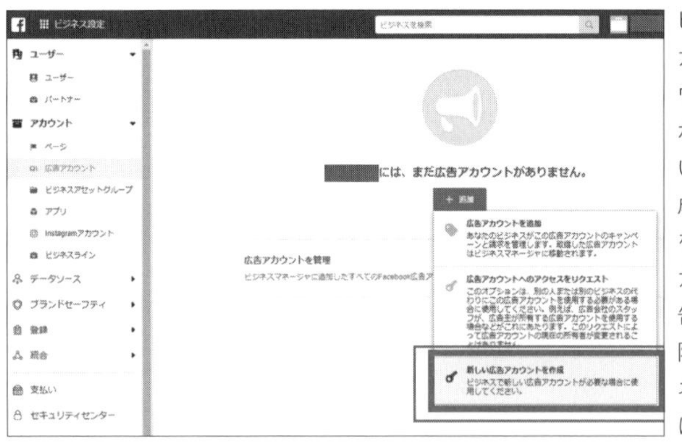

ビジネスマネージャの【アカウント】→【広告アカウント】を開き、【追加】ボタンをクリック。【新しい広告アカウントを作成】をクリックし、広告を出稿するための広告アカウントを作成する。広告アカウントを作れる上限数は広告のビジネスマネージャの広告出稿実績にもより異なる

ビジネスマネージャ内に広告アカウントを増やす権利が複数あれば、広告アカウントを使い分けることができます。広告アカウントを使い分けると、大きく分けて2つのメリットがあります。

1つ目のメリットは、広告アカウントごとに商品を変える、ターゲティングを変えることで、広告管理がしやすくなることです。商品、ターゲットをワンセットにして1つの広告アカウントを作成すれば、そのアカウントの評価や販売実績によって、どの商品がどのようなユーザー層に受け入れられているのかを分析することができるのです。

2つ目のメリットは、広告アカウント停止時のリスクを分散できるという点です。Facebook広告を出稿していると、ユーザーからネガティブなフィードバックが来ることがあります。ネガティブなフィードバックとは、例えば「広告を表示させない」「この広告を報告する」など、広告を不快に思ったユーザーがする評価です。このような評価が蓄積されると、ポリシーにしっかり則り審査に通過した広告であっても、FacebookのAIがポリシー違反の広告と判断することがあります。その結果、広告アカウント自体を停止するという措置をとられることがあるのです。

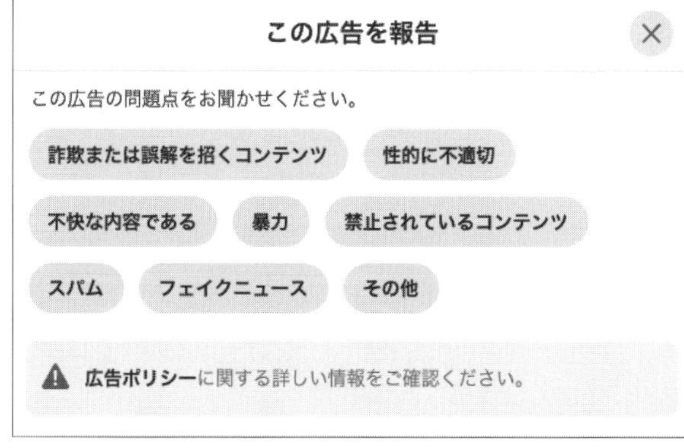

パソコン表示のFacebookで表示された広告からネガティブなフィードバックが送れる画面。この評価が蓄積されると広告アカウントが停止することも

1つの広告アカウントで全ての広告を出稿していた場合、限られた商品、ターゲットでネガティブな反応があっただけで、全ての広告が停止されるというリスクがあるのでリスク分散の意味でも広告アカウントを分散した運用ができる状態を作っておきましょう。

広告アカウントの増やし方とは？

2つ目以降の広告アカウントを作成するには？

広告アカウントはビジネスマネージャ毎に最初は1つまでしか作成できませんが、ポリシー違反がない状態である程度の出稿金額を超えると2つ目以降の広告アカウントも作成が可能になります。

ビジネスマネージャの広告アカウントのページを開き、【+追加】ボタンをクリックし、【新しい広告アカウントを作成】をクリックして広告アカウントの必要事項を入力し、エラーが出なければ広告アカウントの作成は可能です。

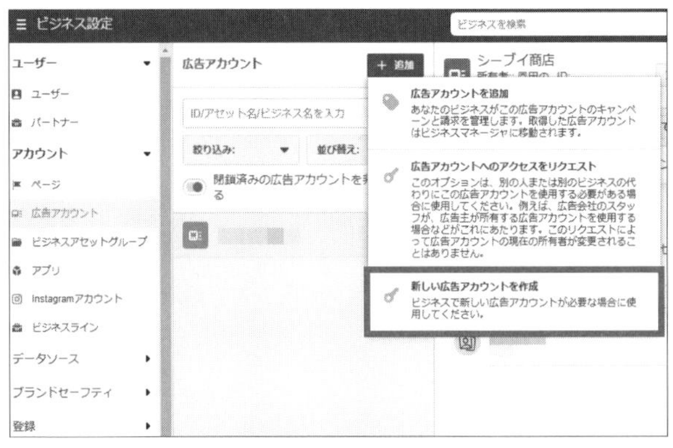

2つ目以降もビジネス設定から広告アカウントを作成していきます

またビジネス設定の画面の左側の【ビジネス情報】を開くことでも広告アカウントの作成上限を確認することが可能です。

アプリ
Instagramアカウント
ビジネスライン
データソース
ブランドセーフティ
登録
統合
支払い
セキュリティセンター
リクエスト
お知らせ
ビジネス情報

ページとお知らせ　ページとビジネスマネージャで投稿の作成、投稿の宣伝、せの確認ができるようになります。この設定がオフになっネスマネージャでのみこれらのアクションを実行でき、ペトーリーズを公開することはできません。
作成日　(2020年3月10日)
更新日:　(2020年3月10日)
広告アカウントの上限数: 1
ビジネス契約書
基本データ
名前
メールアドレス　@yahoo.co.jp

ビジネス情報からは広告アカウントの上限数が確認できる

広告アカウントはポリシー違反だけではなく、ユーザーからのネガティブフィードバックの蓄積によっても停止される場合があり、広告アカウントの停止があると一定期間、新規の広告アカウントが作成できなくなるので、作成できるタイミングがあれば作成のみでもしておくと良いでしょう。

なお、60日間広告の配信がない広告アカウントが停止される場合がありますが、その場合は新規の広告アカウント開設に影響がありません（2020年5月時点での公式サポートからの見解）。

→いいね！を増やす広告の出稿方法

Facebookページにいいね！を増やす広告はFacebookページ作成後に広告アカウントの広告マネージャから出稿していきます。まず【作成】ボタンをクリックします。

広告マネージャはビジネマネージャ上部のショートカットから開くことができます

ガイドツールが立ち上がるので広告の目的から選んでいきます。今回は「検討」の中にある「エンゲージメント」を選びます。「エンゲージメント」を選ぶとその下にも選択項目が増えますので、【ページへの「いいね！」】のボタンを選択して、キャンペーンの名前、1日のキャンペーン予算を設定します。

こちらはガイドツールでの広告作成画面です

こちらはクイック作成での広告作成画面です。でき上がる広告は同じなので、使いやすいほうを使いましょう

キャンペーンの予算は後からも増やすことが可能です。【広告アカウントを設定】をクリックし、次の画面に進みます。

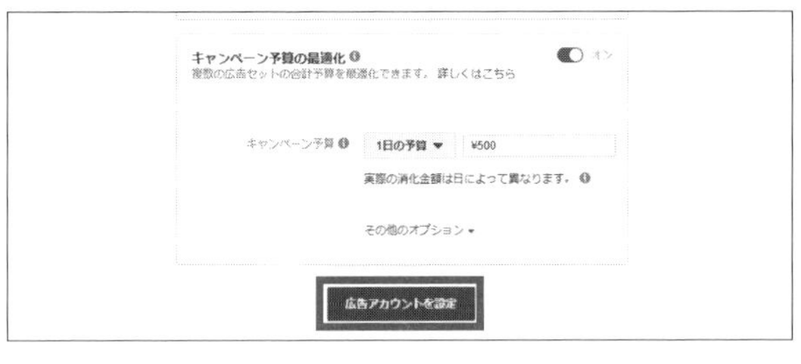

Facebook広告は何時からスタートしようと1日の予算をきっちりと使い切るので少ない予算から初めて様子を見ましょう

支払いの通貨や国の設定を行い、【次へ】に進みます。次の画面では広告の配信をコントロールする広告セットの設定を行います。

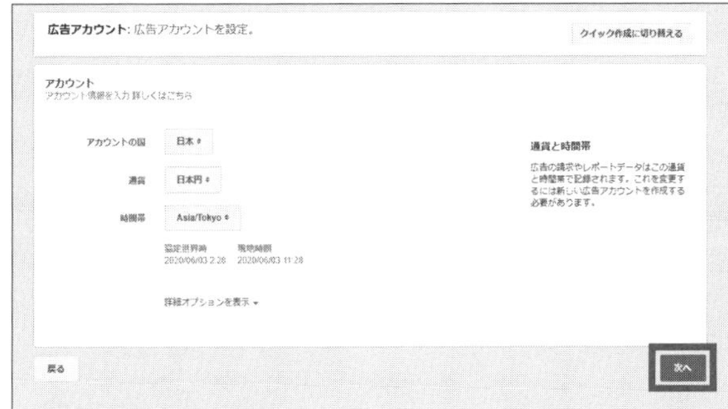

日本国内に配信であれば、この画面はほとんど変更することはありません

広告セットに管理しやすい名前を設定し、作成したFacebookページが宣伝するFacebookページになっているかを確認します。オーディエンスという項目は配信するユーザーを設定する部分ですが、限られた地域やユーザーにし「いいね！」をしてほしくないという特別な事情がない限り、特にこの部分の設定を調整する必要はありません。「つながり」という部分はFacebookページに「いいね！」をしてくれた人を自動的に除外する設定なので、この部分も調整する必要はありません。

作成したFacebookページを選択します

年令や性別などは特に変更する必要はないです

「配置」という項目ですが、これは広告が配信される媒体を選ぶ部分です。パソコンやモバイル、Facebookのメッセンジャー、Instagramのストーリーズなど配信したい場所や配信したくない場所を選ぶことができます。Facebookページにいいね！を増やす広告の場合、Facebookのみへの配信になっていますが、この部分も特別な事情がない限り、機会損失を防ぎたいので特に調整する必要がありません。

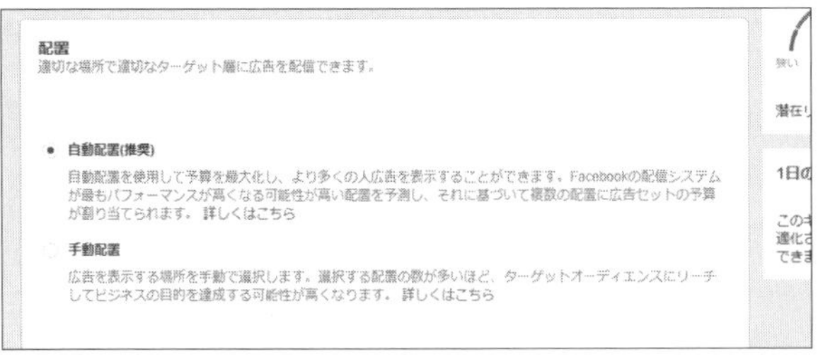

広告を配信するデバイスはモバイルのみの配信にしても極端に配信数が少なくなることはありません

ただ、今後アフィリエイトで広告を出稿する場合は、ライバルであるアフィリエイターはパソコンを使っているユーザーで、Facebookもパソコンから利用することが多いので、僕は「デバイス」を【モバイル】のみしてFacebookページにいいね！を増やす広告を配信することが多いです。

FacebookもInstagramもメインユーザーはスマホユーザーです

「最適化と消化額のコントロール」の部分は調整する必要がありません。そのまま次へ進みましょう。掲載期間をスケジューリングしたい方はこの項目で設定します。

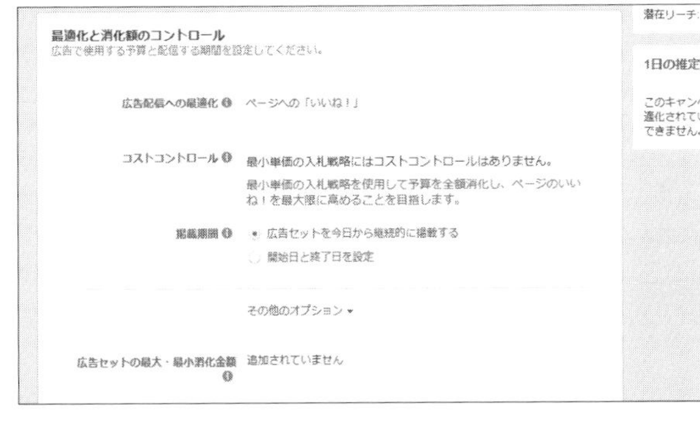

終了期間を設定しておくと期日になると自動的に広告がストップします

次の画面からは広告の設定を行っていきます広告名にはわかりやすい名前をつけておきましょう。Facebookページにいいね！を増やす広告に限らず、Facebook広告では画像とテキストの組み合わせで広告を配信することが多いので「画像1テキスト1」、「画像2テキスト1」のように名前つけると効果測定がしやすくなります。

広告の名前も公開されるものではないため、区別しやすい名称に設定しましょう

「メディア」の【メディアの追加】から広告で使う画像や動画を選択することができます。広告に注目してもらうために重要な要素なので、Facebookページに関連し、なおかつユーザーから好意的な反応がもらえる画像を準備し、設定しておきましょう。

画像や動画が広告では一番目立つ要素で重要な部分です。Facebookページのイメージに合う魅力的なものを設定しましょう

「テキストとリンク」の部分は文章で広告に注目を集める要素です。URLを貼り付けて、広告から外部誘導を行うことも可能ですが、あくまで目的はFacebookページにいいね！を増やすことなので、設定した画像に反応を促すテキストを設定しましょう。

プレビュー画面を確認しながら設定した画像とテキストに違和感がないかを確認しましょう

「トラッキング」の部分は特に調整する必要はありません。ピクセルの設定などもできますが、Facebookページでは広告アカウントのピクセルは設定していないので、特に設定をいじる要素がないため、【実行する】のボタンをクリックしましょう。これで審査後にFacebookページにいいね！を増やす広告が配信されます。

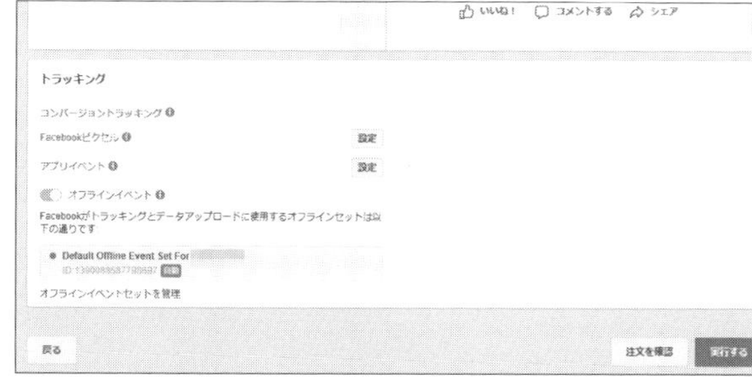

【実行する】のボタンを押す前に広告の内容をもう一度チェックしましょう

審査は通常24時間以内に行われますが、土日祝日は多少遅くなることもあります。また審査自体はシンガポールなど日本やアメリカではない国のサポートが行っていることが多いので、日本で祝日でも審査する国が動いていることもあるので出稿準備ができたらあまり考えずに出稿するほうが運用を早く始められます。

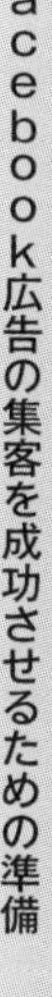

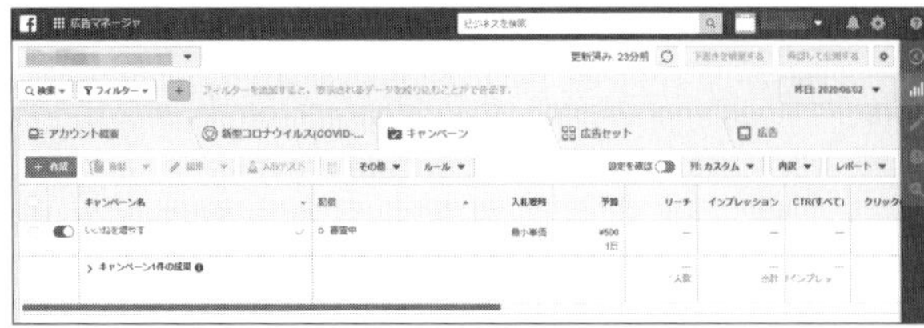

開始時間を未来の日付で設定していなければ審査終了とともに配信がスタートします

なお、Facebook広告の広告費の支払いに関してですが、Facebook広告はその広告アカウントの実績により、一定金額に到達次第に設定した支払い方法から広告費が引き落とされます。GoogleやYahooのように先にデポジット入金が必要というわけではありませんが、最初は200円前後の消化で引き落とされていくので、クレジットカードの限度額には注意しましょう。

→ 広告のオンオフを切り替える方法

広告の出稿後にキャンペーンを一時的に停止したい、広告の1つだけを停止したいという場合は、広告マネージャから簡単に出稿状態のオンオフが可能です。

キャンペーンの出稿状態のオフであれば「キャンペーン名」の隣りにあるボタンを青状態からグレーに変更するようにクリックするとオン・オフの切り替えができます。

【配信】の項目が「アクティブ」であれば広告が配信状態、「オフ」であれば広告が停止されている状態です

広告単位での停止は広告マネージャの広告のタブに切り替えて行います。これも「広告の名前」の隣の隣りにあるボタンを青状態からグレーに変更するようにクリックするとオン・オフの切り替えができます。

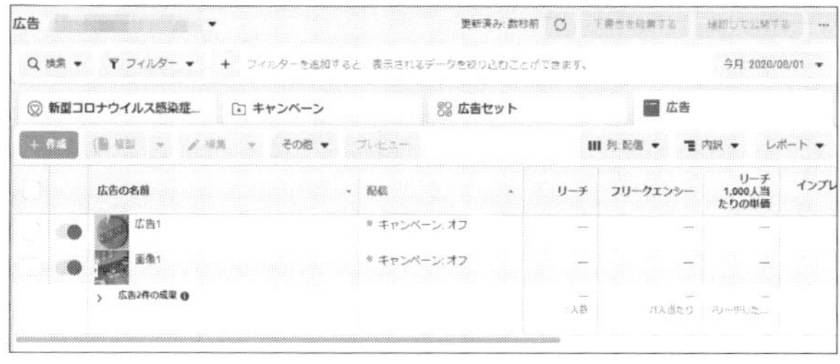

広告はオンでもキャンペーンがオフの状態なので広告が配信されていない状態

この時に注意したいのが、キャンペーンや広告セット単位で配信がオフになっていると、広告だけをオンにしても広告は配信されないということです。キャンペーン内に広告セットが存在し、その広告セット内に広告が存在しているという点は忘れずに広告やキャンペーンのオンオフを行いましょう。

Facebookページへのいいね！はどれくらい集めるべきか？

Facebookページにいいね！を集める広告のひとまずのゴールはいいね！が100集めるまでを目指しましょう。この100という数字ですが、キリが良いからというわけではなく、明確な理由があります。

以前にFacebook社の広告担当者と話した際に「いいね！が100以下のFacebookページによる広告はスパム扱いしている」という話をされていました。スパム扱いされていることで生じるデメリットまでは明確には聞き出せなかったのですが、作ったばかりのFacebookページで広告を出稿した際に広告のCPCが他のFacebookページの広告よりも高くなる、インプレッションが減る、審査担当者の目視による厳しい監視がつきまとうなど体感的に感じるデメリットはありました。

そのためFacebookページにいいね！を集める広告は最低でも100いいね！は目指すようにして、その後も継続していいね！が増えるような投稿を続けるというのがFacebook社がFacebookページをスパム認定しないための予防策と言えます。

ビジネスマネージャから他のユーザーに権限を付与する

管理者権限の権限付与もビジネス設定から

Facebookページや広告アカウントの管理者権限を自分以外にも設定する方法をお伝えします。ビジネスマネージャのビジネス設定の画面に戻り、ビジネスマネージャのビジネス設定から【ユーザー】を開き、【+追加】ボタンをクリックします。

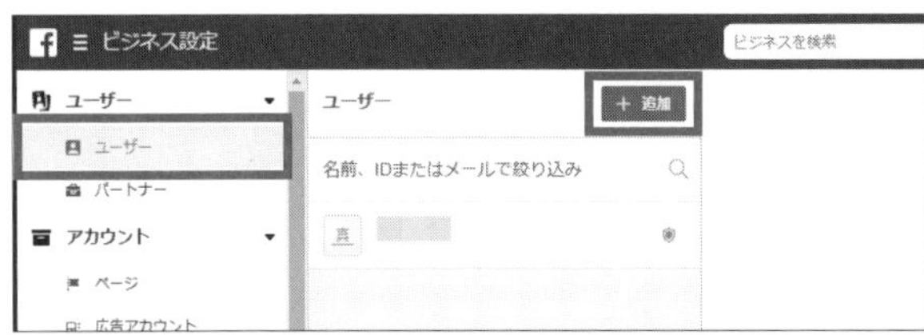

管理者の追加はビジネス設定から行うことができます

この画面からビジネスマネージャへ管理者の追加をすることができます。ビジネスマネージャへの管理者の追加をすることで、すでに作成しているFacebookページや広告アカウントの管理者権限も同時にその人へ追加することができます。

新たな管理者の追加はそのビジネスマネージャで管理者権限を持つユーザーのみが行えます

すでに個人アカウントを登録している人の登録メールアドレスを入力し、「管理者アクセス」のボタンをオンにして【次へ】をクリックします。

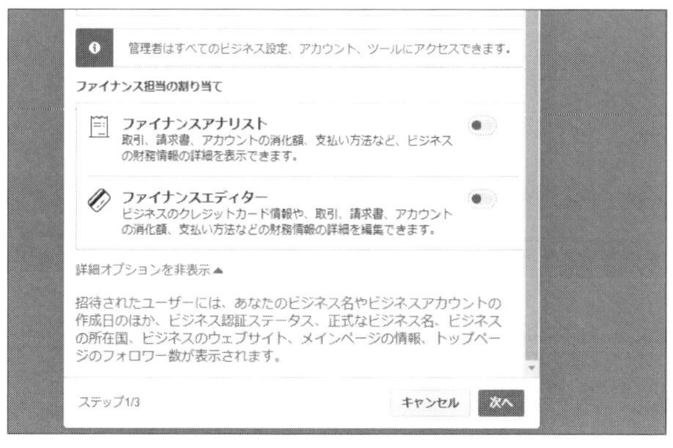

詳細オプションに関しては必要に応じてチェックを入れ、進んでください

次の画面では管理者として招待したいFacebookページや広告アカウントを選びます。すべてのFacebookページや広告アカウントに管理者権限を与えることも可能ですし、個別のFacebookページや広告アカウントだけに権限を与えることも可能です。

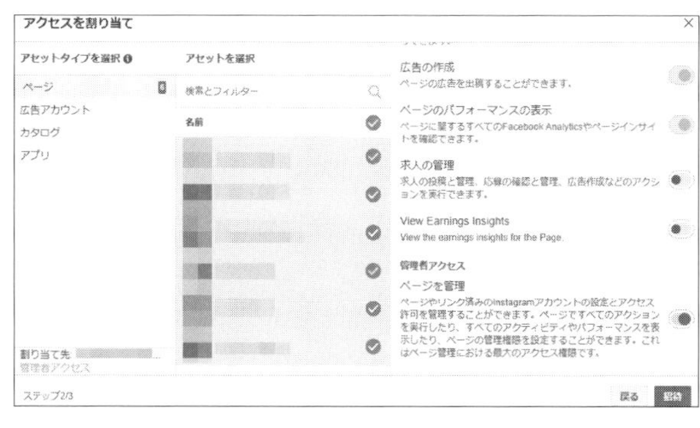

Facebookページの場合は「管理者アクセス」の欄の「ページを管理」にチェックを入れます

広告アカウントの場合は「管理者アクセス」の欄の「広告アカウントを管理」にチェックを入れ、【招待】をクリックします

この後、招待した管理者のメールアドレスに管理者としての招待に応じるかどうかのメールが届くのでメールの指示に従い管理者登録を行います。繰り返しになりますが、すでにFacebookに登録済みのメールアドレスでないと管理者登録はできませんのでご注意ください。

ビジネスマネージャの管理者はスマホの紛失やパスワード忘れなど自分の個人アカウントへ何らかの原因でアクセスできない状態になった際に、他に管理者がいることで予期せぬ自体になったときも管理が非常に楽になります。ビジネスマネージャを開設して数日以内に複数の管理者を設定しておくことをおすすめします。

COLUMN 出稿するページのドメイン認証も行おう

Facebook広告では出稿するサイトが自身の所有者ドメインだということを広告の出稿前にFacebookに登録して、認証作業を行っておく必要があります。複雑な作業ではないですが、レンタルサーバーのサブドメインや無料ブログではできない作業なので、必ず独自ドメインを取得しておく必要があります。

ドメイン認証についての詳しい作業方法は「おわりに」でお伝えしている読者専用ページをご覧ください。

Chapter 04

Facebook広告で売上を増やすための運用方法とは？

広告が最適に配信されるためにやっておきたい3つのこと

→ Facebookピクセルは広告を最適化するためのコード

ここまで紹介したいいね！を集める広告と、これからお話する売上を作るための広告では、配信するための準備が大きく異なります。売上を作るための広告がFacebook広告で最適に配信されるようにするためには、3つのポイントを押さえる必要があります。それが「Facebookピクセルの設置」「カスタムコンバージョンの設定」「カスタムオーディエンスの設定」です。それぞれについて解説していきます。

Facebook広告の配信を最適化し運用を成功させるには、Facebookピクセルとは何なのかを理解することが必要不可欠です。この考え方を理解していないと、Facebook広告の運用を成功させることは難しいでしょう。

Facebookピクセルとは一種のスクリプトタグで、Facebookピクセルは広告を最適化するためにFacebookから発行されているコードです。Facebookピクセルは、ビジネスマネージャを開設すると全ての広告主(Facebook広告を出稿している人）が発行できます。

Facebookピクセルは多くの企業で導入されています。Facebookピクセルの基本の活用法として、自社サイトに埋め込むことでFacebookユーザーが自社サイトに来たかどうかを知ることができます。

このFacebookピクセルはさまざまな広告運用者のサイトに埋め込まれており、FacebookのAIがその個人アカウントの行動を追跡し、どのようなものに興味を持っているのか判断するためにも使われています。

例えば、Facebookに登録しているユーザーがANAのページを見に行くと「旅行や飛行機に興味があるな」、TOYOTA のページを見に行くと「車に興味があるな」、そこから高級車のページを見に行くと「年収は○○くらいかな」など動向からどのようなユーザーなのかをFacebookが判断するのです。

さまざまなサイトに設置されたFacebookピクセルで収集されたユーザー情報はFacebook自体に蓄積されていき、その情報を元に全ての広告の配信が行われています。Facebookピクセルは世界中のさまざまなサイトに埋め込まれており、その膨大なデータ量を基盤にAIの精度、広告の配信の精度も日々高まっています。

例えば、ニュースサイトや通販サイト、個人のブログなどのページにピクセルが埋め込まれていれば、FacebookのAIが学習して紐づけをしていきます。そして、最終的にどのようなサイトを見ていた人が商品を購入したのかという動向を知ることができるのです。このFacebookピクセルによる情報収集の仕組みと、それによってユーザー行動を紐付けて広告の配信を行っているという部分が、Facebook広告で潜在層にも商品が売れやすく、利益が残りやすい仕組みにつながっていますので、しっかりと理解しておきましょう。

あなたがFacebook広告で自社のページに訪れたユーザーの動向をつかむためには、自社のページにFacebookピクセルを埋め込む必要があります。埋め込む場所は、販売ページだけでも良いのですが、広告をより最適化するためには、どのページまで到達したかということをAIに理解してもらう必要があります。そのため販売ページだけではなく、広告をクリックしたときに最初に到達するランディングページ、販売ページ、商品ページはもちろん、購入完了前のカートのページ、購入完了ページ、購入確認画面ページなどにも埋め込むことで、細かく追跡ができます。

●Facebookピクセルを設置するページのイメージ

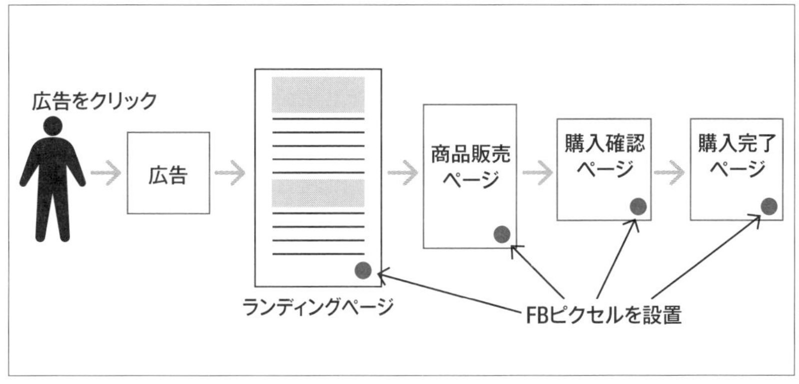

→ 広告マネージャからFacebookピクセルを取得しよう

Facebookピクセルを取得するには広告アカウント作成後に広告アカウントの広告マネージャの画面を開き、左上のメニューから【イベントマネージャ】を開きます。

ショートカットからイベントマネージャを選択しFacebookピクセルを作成していきます

次の画面はデータソースの説明の画面なので、Facebookピクセルのブロック内にある【スタート】ボタンをクリックします。

この画面はよく変更されるのでデータソース内のFacebookピクセルを作成する意味合いの文言が書かれている部分をクリックして進みましょう

次の画面でFacebookピクセルにわかりやすい名前をつけて、【次へ】をクリックします。

ピクセルを使ってウェブサイトコンバージョンをトラッキング

ウェブサイトにピクセルコードを追加すると、コンバージョンキャンペーンの実施、詳細なレポートの作成、カスタムのリターゲティングなどを行うことができます。ピクセルは、ウェブサイトから情報を安全に受け取ることができるコードスニペットです。詳しくはこちら

ピクセル名 37

ウェブサイトに対応した簡単な設定方法を表示

ウェブサイトのURLを入力(任意)

広告アカウントに複数のピクセルを追加するには、ビジネスマネージャにアップグレードしてください。

[次へ]をクリックすることで、Facebookビジネスツールの利用規約に同意するものとします。

フィードバックを送信 次へ

ピクセルの名称も公開されるものではないのでわかりやすい名称で設定しておきましょう

次の画面で表示される選択肢は「手動でピクセルコードをウェブサイトに追加」を選択します。

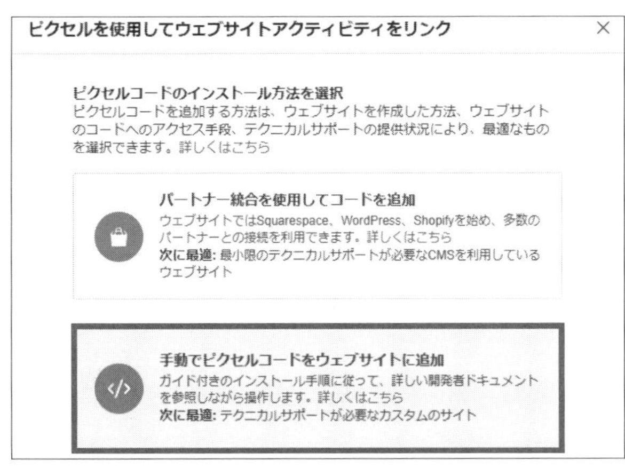

次の画面でコードを発行し、ランディングページのHTMLに反映していきます

次の画面で表示されるのがFacebookピクセルのスクリプトコードです。このコードをクリックすると自動的にコピーされるので、コピーされたものをメモ帳などに保存しておきましょう。コピーし忘れた場合は【イベントマネージャ】を開くと先ほど名前をつけたFacebookピクセルが表示されるので、【詳細】ボタンをクリックし、次の画面で【設定】ボタンをクリックすると「ピクセルのインストール」があり、再度スクリプトコードを取得することが可能です。

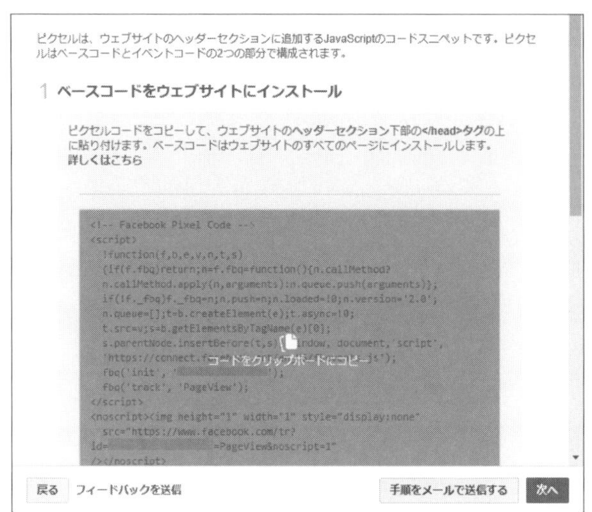

コードをコピーしたらメモ帳へ保存してわかり易い名前でパソコンで管理しておきましょう

これでFacebookピクセルの取得は完了しました。販売ページやランディングページのHeadタグ内に設置することでFacebookピクセルの設置も完了します（FacebookピクセルはBodyタグ内でも問題なく動作します）。

カスタムコンバージョンで広告配信の最適化を図る

Facebookピクセルを自社のページに細かく埋め込んだら、次にカスタムコンバージョンを設定します。カスタムコンバージョンとは、ユーザーがどこまで到達したかをしっかりとAIに判断させる設定です。カスタムコンバージョンは広告マネージャで設定するもので、広告アカウント毎に100個まで登録できます。ユーザーがどのページまで到達したかを理解させて、そのユーザーに対して広告の配信の最適化をかけていきます。

例えば、購入完了ページまで到達したユーザーに最適化をかけるように設定すると、商品を購入した人と似た行動パターンのユーザーに広告を表示させれば効果的だとAIが判断できる材料になります。Facebookピクセルを埋め込むだけだと、どのページに進んだユーザーに対して広告を配信すれば良いのかがAIには判断できませんが、購入完了ページにFacebookピクセルを埋め込んでカスタムコンバージョンを設定しておくと、自社の商品を購入しやすいターゲットを明確に理解させることができます。Face bookピクセルで行動を追跡し、カスタムコンバージョンで明確な目標を設定することで、AIが広告の配信に対して最適化をかけやすい状態になるのです。

このようにカスタムコンバージョンを使って広告配信に最適化をかけることが、Facebook広告を運用する上で重要になります。

→ 広告マネージャからカスタムコンバージョンを設定しよう

カスタムコンバージョンを設定するにはFacebookピクセルのときと同様に、広告アカウント作成後に広告アカウントの広告マネージャの画面を開き、左上のメニューから【イベントマネージャ】を開きます。次の画面で表示される左側のタブからカスタムコンバージョンを開きます。

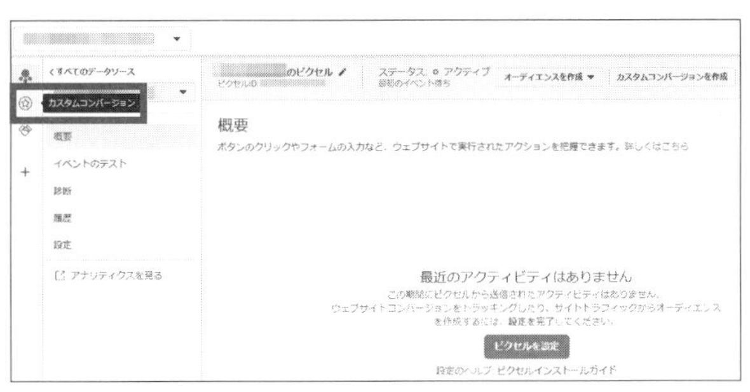

この画面も頻繁に更新されるので意味合いが同じ名称の部分を見つけて作業を進めていきましょう

次の画面で【カスタムコンバージョンの作成】をクリックします。

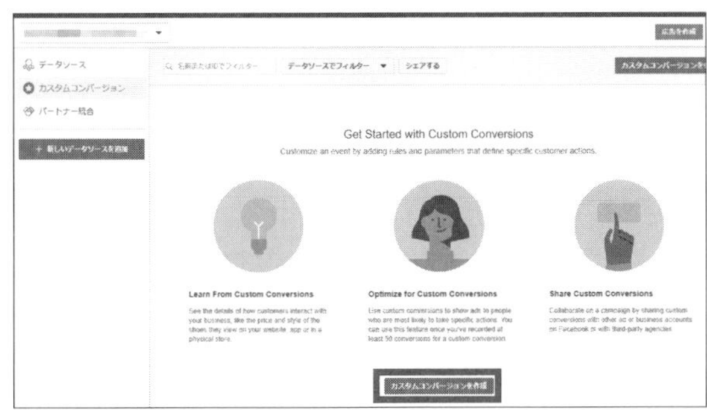

カスタムコンバージョンの設定次第でFacebookのAIが最適化する地点が大きく変わります

　次の画面で表示されるウィンドウ内に必要な項目を入力していきます。名前には任意のわかりやすい名前を入力、データソースは先ほど作成しているFacebookピクセルを選択します。コンバージョンイベントは「すべてのURLトラフィック」にし、最適化のための標準イベントは今回のやり方では特にどれを選んでも問題ないので「コンテンツビュー」にしておきましょう。

　本書で解説する売上を効率良く増やすためのFacebook広告の出稿では、ルールの項目がとても重要になります。このルールの項目はランディングページのURL、販売ページのURL、購入完了ページのURLなど広告を出稿した後にコンバージョンとしてAIに認識させるためのものをそれぞれ設定します。1つのカスタムコンバージョンにランディングページのURL、販売ページのURL、購入完了ページのURLなど複数を設定するのではなく、３つのカスタムコンバージョンを作成し、名前をそれぞれランディングページのURL、販売ページのURL、購入完了ページのURLなどわかるものを設定しておきましょう。

カスタムコンバージョン名も公開はされないのでわかり易い名前をつけましょう

ルールにカスタムコンバージョンを設定したいURLを入力したら、【作成する】をクリックします。これでカスタムコンバージョンの設定は完了です。

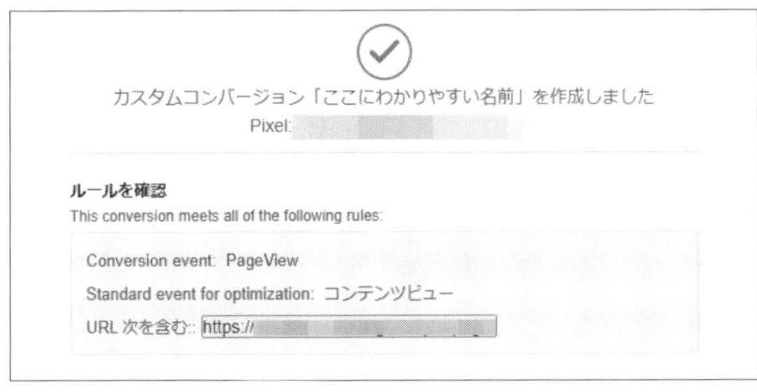

ここを間違ってしまうと広告の配信がうまくいかないので設定を確認しておきましょう

アフィリエイトの場合は、販売ページや購入完了ページにFacebookピクセルの設置が難しい場合もあるので、ランディングページと販売ページの間にリダイレクトページを作成し、そのページのURLをカスタムコンバージョンに設定することが多いです。リダイレクトページの設定方法は本書の巻末の読者専用ページでも詳しく解説しています。

カスタムオーディエンスでターゲットを設定する

Facebookピクセル、カスタムコンバージョンの次に重要になるのが、カスタムオーディエンスという考え方です。これは広告の配信自体ではなく、配信するターゲットに関連した考え方で、広告のターゲット設定オプションの1つです。

カスタムオーディエンスで購入完了ページや商品ページのURLを指定して、そこに到達したユーザーをカスタムオーディエンスとして設定し、データを蓄積することができます。「商品ページを閲覧した人」「購入完了した人」などにオーディエンスを設定しておくことで、例えば「商品ページを閲覧している人の中で、購入完了の人だけを省いて広告を配信する」などの条件で再度配信することができます。つまり、カスタムオーディエンス機能を使うことで「商品ページまで到達したものの何らかの理由で商品ページから離れてしまった人」に絞って広告を出稿するという設定ができるのです。

●カスタムオーディエンスの考え方

カスタムオーディエンス名	到達ページ	保存期間	配信例	配信設定の例
販売ページ3日のみ	販売ページ	3日	販売ページに到達した人に3日間だけ広告を表示させる	「販売ページ3日のみ」へ「購入完了した人」を除外して配信
販売ページ7日のみ	販売ページ	7日	販売ページに到達した人に4~7日目に別の広告を表示させる	「販売ページ7日のみ」から「購入完了した人」「販売ページ3日のみ」を除外してへ配信
購入確認へ到達	購入確認ページ	180日	購入確認まで進んだが離脱した人に配信	「購入確認へ到達」へ「購入完了した人」を除外して配信
購入完了した人	購入完了ページ	180日		

→ 広告マネージャからオーディエンスの設定をしよう

広告マネージャ左上のメニューから【オーディエンス】を開きます。次の画面で【カスタムオーディエンスを作成ボタン】をクリックします。

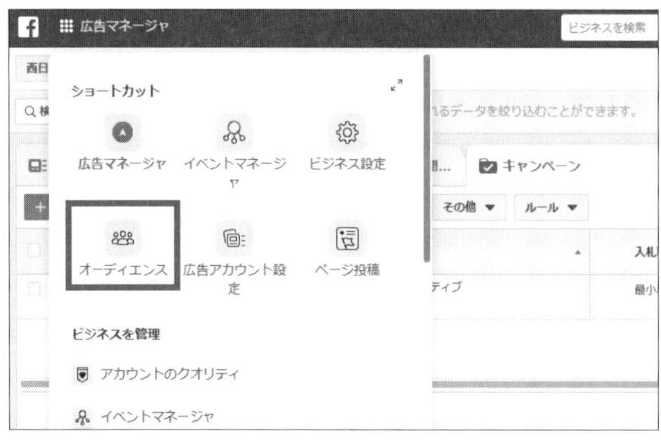

オーディエンスは配信するターゲットを設定したり、除外するターゲットを設定するための項目です

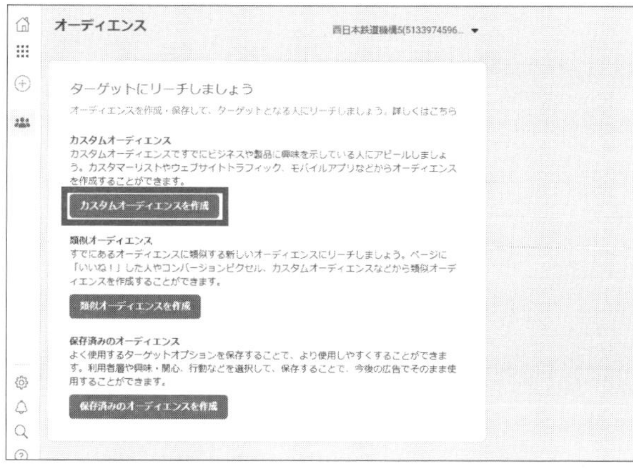

Facebookピクセルを設置済みの指定したURLに到達した人やメールアドレスをアップロードしてターゲットを絞り込むことができます

次の画面でウェブサイトをクリックします。ここでオーディエンスにしてする人の条件を設定します。ピクセルは先ほど作成した広告アカウントのピクセル名になっていることを確認して、条件の部分は【特定のウェブページにアクセスした人】に設定しましょう。

今回はURLを指定したオーディエンス設定の解説をしていきます

オーディエンスを保存する期間は過去30日となっている部分を1～180日の間で設定することが可能です。広めに設定しておく事が多いですが、販売ページに訪れてすぐの人だけにアプローチしたい場合は7日以内のカスタムオーディエンスを複数に作成し、反応の良い期間を探ってみると良いでしょう。

URLの部分にはFacebookピクセルを設置したページを指定し、設定したURLに到達した人をオーディエンスとして管理できるようにしておきます。カスタムコンバージョンと同じURLも設定できますので、購入完了者のカスタムオーディエンスを作成し、配信を除外するためのオーディエンスとしての活用もできます。

いくつかのカスタムオーディエンスを作成し、組み合わせて配信することも可能です

オーディエンスに名前をつけるの下の欄には管理しやすい名前を設定しましょう。販売ページに到達した人を複数設定する場合は、「販売ページに到達7日間」、「販売ページに到達3日間」のようにオーディエンスを保存する日数も併せて記入しておくと管理が楽になります。

広告作成前に合算イベントの設定を行おう

Facebook広告でコンバージョン広告を出稿する前には、ドメイン認証とカスタムコンバージョンの作成、合算イベントの設定を行うことで最適化地点をコンバージョンにした広告が配信可能になります。

カスタムコンバージョン作成後に行う、合算イベントについての詳しい作業方法は「おわりに」でお伝えしている読者専用ページをご覧ください。

Facebookピクセルを使って売れるユーザーを集めてもらう

最適なユーザーへ広告配信

Facebook広告を運用して売上を増やすためには、Facebook広告がどのように最適なユーザーを選定しているかという仕組みを理解する必要があります。

FacebookのAIに、自社の商品を最適なユーザー層に広告配信をしてもらうためには、商品ページに広告の効果を測定できるFacebookピクセルを設置し、カスタムコンバージョンを設定してます。この2つの準備をすることで、特定のURLに訪問したユーザーと似た行動履歴や趣味趣向を持つユーザーに対して広告配信をすることができるのです。

カスタムコンバージョンを設定したユーザーに対して広告配信を行うためには、キャンペーンの目的を「コンバージョン」にして広告を配信します。

AIが最適化をするには

AIが「このユーザーに売れる」というしっかりとしたデータを蓄積していくためには、週50件以上のカスタムコンバージョンをキャンペーン内に蓄積する必要があります。つまり、50人以上のFacebookに登録しているユーザーに、Facebookピクセルを設置しているページに対して何らかのコンバージョンをしてもらう必要があるのです。

これをすることで、カスタムコンバージョンを設定したページに応じたAIの最適化配信がより正確なものになっていきます。

一般的な広告では、「コンバージョン」とは「広告で得たい結果」を示しています。つまり商品を販売しているのであれば、ユーザーが商品を購入することが「コンバージョン」となるのです。一方、Facebookの場合のコンバージョンとは、「ウェブサイトで実行されるアクションのことです。

これにはページへのアクセスから、購入の完了までのすべてが含まれます」と定義されています。

Facebook広告でAIに最適化させるためには、週に50件のコンバージョンを蓄積する必要がありますが、少額での運用の場合は週に50件の「購入完了」をコンバージョンとしていては達成できないことも考えられます。

そのような場合は、販売ページを見に来てくれたユーザーのマイクロコンバージョン設定をし、それを週50件蓄積することを目指しましょう。そうすることで、最終的に商品の購入に至る途中の段階で最適化をかけていき、まずはマイクロコンバージョンに対してAIで最適化をかけることもできます。

●マイクロコンバージョンの図解

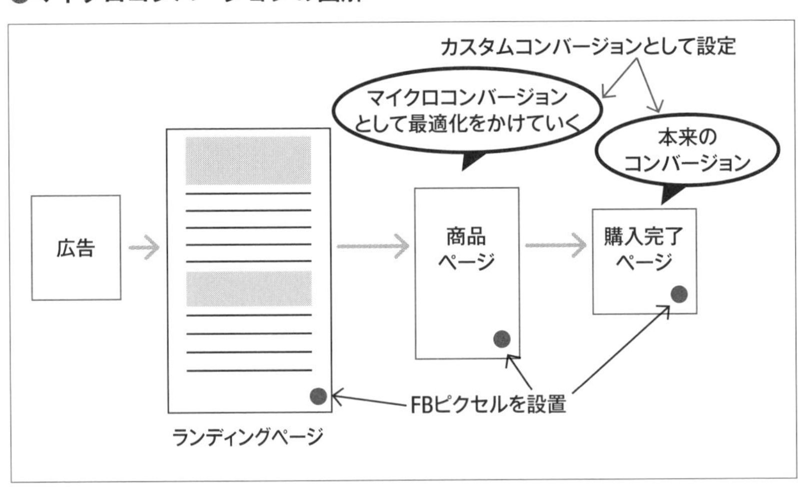

マイクロコンバージョンは様々な地点に設定することが可能です。特にFacebook広告で作成できるカスタムコンバージョンでマイクロコンバージョンを定義できるので、「販売ページ」「商品購入の前にカート確認ページ」「購入前の確認ページ」なども設定することができます。

キャンペーンの目的をコンバージョンに設定しAIに最適化をかけてもらうには、週に50件のコンバージョンが条件になります。このコンバージョンは、カスタムコンバージョンで設定したマイクロコンバージョンでも問題ありません。なので、コンバージョンの敷居を下げて、低予算の広告を運用してもAIが最適化をかけるため、必要な週に50件のコンバージョン数を集めやすくなるのです。

そのため、Facebookピクセルは「購入完了のページ」だけではなく、「商品ページ」「カートに追加するページ」「決済する前の購入の確認ページ」にも設置することをおすすめします。そして、それぞれのページにカスタムコンバージョンを設定してください。また広告の効果を確認するために「広告から１つ移動した先のページのランディングページ」にもFacebookピクセルを設置しておくことで、広告を分析する際に役に立ちます。

→ アフィリエイトならリダイレクトページに設置する

アフィリエイトの場合は、商品ページにFacebookピクセルを設置することには商品販売会社の許可取りが必要となり、そのためにはASPに仲介してもらい広告主のページにFacebookピクセルを設置してもらう必要があります。

ASPとの関係性が出来上がっていなかったり、Facebookピクセルの設置を渋る商品販売会社の場合、Facebookピクセルの設置が難しいケースもあります。ただ、そういった場合でも心配する必要はありません。ランディングページとリダイレクトページを作成し、それぞれのページにFacebookピクセルを設置することで、リダイレクトページと販売ページを擬似的に同一のコンバージョンポイントとして見なすことが可能です。

リダイレクトページとは、ランディングページをクリックした後に0～3秒でアフィリエイトリンクを自動的にクリックさせて、商品ページに飛ぶように設定したページです。リダイレクトページにカスタムコンバージョンを設定することでマイクロコンバージョンを獲得して、疑似的なコンバージョンを蓄積することでAIに最適化をかけさせることができます。

●リダイレクトページの図解

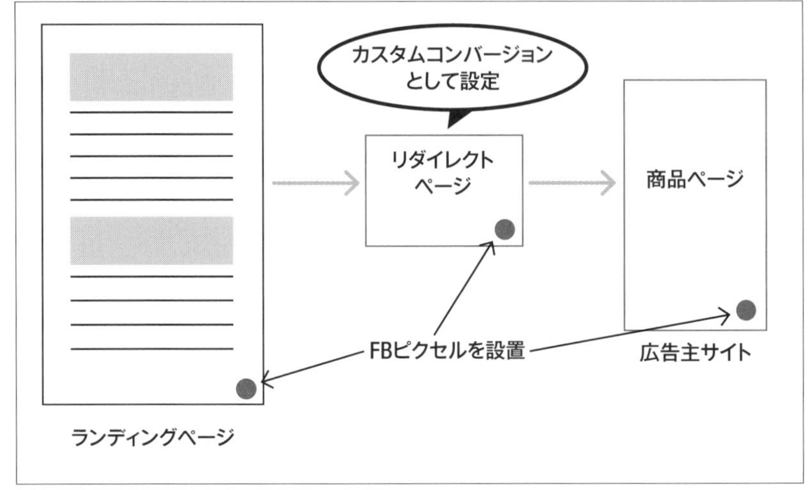

リダイレクトページにはFacebookピクセルとアフィリエイトリンクを設置する。読者ページでもリダイレクトページの設定方法を解説しています

Facebook広告の最適化に必要なコンバージョンは購入完了にこだわらず、その前の段階のマイクロコンバージョンを獲得する運用であれば、一日数百円や数千円程度の広告予算でも週に50件のコンバージョン数に到達することが可能です。もちろん、週に50件の購入完了のコンバージョンを蓄積することが理想ではありますが、まずは購入完了にこだわらず、なるべく前の段階にカスタムコンバージョンを持ってきて運用の敷居を下げることを意識してみましょう。

Facebookユーザーを見込み客にするための仕掛け

Facebookは悩みを解決するための媒体ではない

Facebook広告で集客をし売上を作りたいというのは、僕たち広告運用者の目的ですが、広告を配信される側のFacebookユーザーがFacebookやInstagramを使う理由は買い物やサービスを申込むためではありません。

あくまで友人の近況を見たり、知り合いの仕事の状況、家族の日常の風景を見るというSNSを楽しむためにサービスを利用しているわけです。その大前提を僕たちは忘れてはいけません。僕たちがFacebook広告で第一に行うべきは、広告を見るユーザーに自分自身の悩みに気がついてもらい、その結果、商品の存在を知ってもらう、商品の必要性に気がついてもらうことです。

そのため広告で商品を直接見せたり、お得なキャンペーンがあるよという直接購入を促すような商品ページに誘導しても広告自体に見向きもされないわけです。

Facebook広告で大切なのは、ユーザーの潜在的な悩みに気が付かせるということですし、その悩みを自分ごと化してもらうコンテンツを見せた上で商品ページに誘導することです。一見回りくどいように思えますが、悩みを自分ごと化してもらうコンテンツを見せることで、何気なくSNSで暇つぶしをしていた状態から、必要な情報にアクセスしているという心理状態に移行してもらうことができるので、商品の成約率も飛躍的にアップします。

また広告自体が売り込みではなく、一種のニュース記事のようなテイストの広告になるのでネガティブなフィードバックを受けることが少なくなり、CPC、CPMといった広告費に直結する数値も少なくなるので、費用対効果も上がります。

そうした心理の変化や行動変容を促すために、広告から移行した先で最初に目に触れるページをランディングページと呼びます。Facebook広告で売上、利益を出すには反応の良い広告はもちろんですが、ユーザーの潜在的な悩みに気が付かせ、悩みを自分ごと化してもらうランディングページを作り上げることが必要不可欠となります。

→ 広告から販売ページまでのユーザー心理を考えよう

FacebookやInstagramを使うユーザーは暇つぶしをしている状態なので、その状態から買い物をしよう、商品を申し込もうと思ってもらうには興味を持ってもらい、その商品が必要と感じてもらう必要があります。そのために広告で興味を引き、ランディングページで潜在的な悩みを自分ごと化してもらう必要があります。

暇つぶしから商品購入への心理変化につなげる流れとして、広告を見る、広告をクリック（タップ）する、ランディングページを読み進めるという流れの中でランディングページが占める役割は非常に大きいです。

●ランディングページの役割

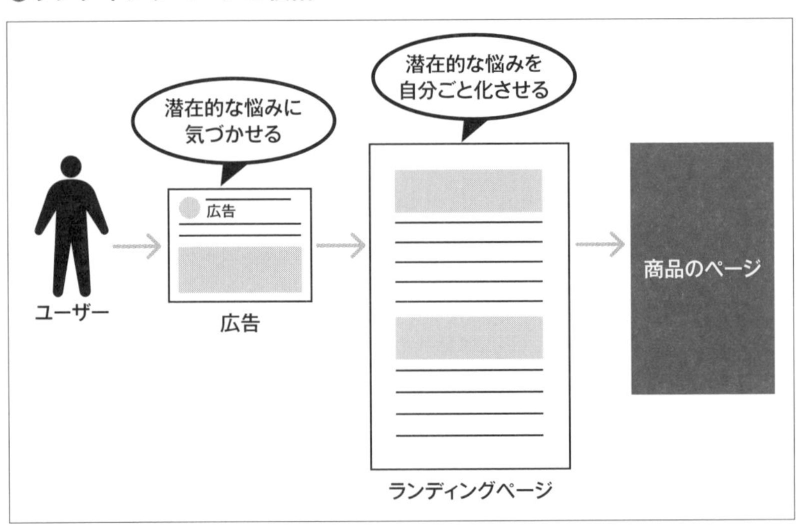

ランディングページは適当に作ってもユーザーの心理を動かすことはできないので、新・PASONAの法則というコピーライティング手法を使って、文章を組み立てることでFacebook広告で集客したユーザーは暇つぶ

しの状態から買い物をする状態にしやすくなります。『稼ぐ言葉の法則――「新・PASONAの法則」と売れる公式41（神田 昌典）』。

新･PASONAの法則でランディングページは作成する

ランディングページの役割は、暇つぶし状態から買い物をするという心理状態に変化してもらうことで、そのためには共感を生む情報や、必要性を感じる情報を順番にユーザーに理解してもらう必要性があります。

新・PASONAの法則を使うことでSNSユーザーの心理に寄り添った文章構成が作れるので、広告としての売り込み色を強くすることなく共感させつつ、商品の必要性を理解してもらいやすいランディングページに仕上げていくことができます。新・PASONAの法則は下記のような構成で、文章を作ることが効果的なセールスレターにつながると言われています。

●新・PASONAの法則に基づくランディングページの構成

Problem
問題点を明確化する

Affinity
共感を誘う描写をする

Solution
解決策と証拠を示す

Offer
具体的な提案をする

Narrow down
限定性や緊急性で絞り込む

Action
行動を呼びかける

急にこのような言葉が出てきても理解するのは難しいと思いますので、1つ1つのブロックで書くべきことを解説していきます。

→ Problem：問題点を明確化する

このブロックではターゲットの悩みやなりたい未来を言語化し、自分ごと化させます。自分ごと化とは、「こういうこと自分もあるかも」という気づきを与えることです。Facebook広告で集客するユーザーはSNSを流し読みしているので、このブロックで読む態勢をとってもらうことを意識してみましょう。

このProblemと次のAffinity（共感）の部分は広告の見出しやテキストでも使える項目なので、ランディングページの構成はもちろんですが、広告クリエイティブでもこのブロックを意識し、ランディングページの冒頭と広告文の連動は考えましょう。

→ Affinity：共感を誘う描写をする

ランディングページを読むユーザーとランディングページの書き手であるあなたが仲間、同志だと共感させていくためのブロックです。例えば、同じ悩みを解決した、書き手がランディングページを読むユーザーのなりたい未来にいるなど、同じ方向を見ているということを感じさせることが重要です。

Facebook広告は、特に共感部分がないと広告をクリックしたあとにすぐランディングページから離脱されてしまうことが多くなります。そのため問題点を広告とランディングページの冒頭で明示したあとは、「私もTシャツを着るとお腹が目立ってしまい、夏でも体型の目立たないブカブカの服ばかり着ていました」というような相手に共感させるような文章を用意することが効果的です。

→ Solution：解決策と証拠を示す

このブロックではその悩み、理想の未来を得るためにはどんな方法が最適か、どんな商品を使うべきかを伝えていきます。（価格やどこで買えるなどはまだ言わない）その際にその根拠となるデータや感想、SNSの投稿なども伝えることでその解決策の信憑性が増していきます。

雑誌の掲載履歴や専門家のインタビューなどの権威のあるデータを見せたり、ランディングページでターゲットとしているユーザーに近い年齢の口コミをわかりやすく掲載するという手段も有効です。ビフォーアフター写真も証拠の開示になりますが、Facebook広告ではポリシー違反になることが多いので、掲載する内容には注意が必要です。

Offer：具体的な提案をする

商品の詳細や、価格、特典、支払い方法や手にとりやすさなどを提案するクロージングとも呼ばれるブロックです。前のブロックでSolution（解決方法や証拠）を示してから価格などを開示することが大切です。

手にとりやすさというのは価格だけではなく、クレジットカードがない人にはコンビニ払いができることを伝える、住所の入力が面倒な人にはAmazonでの決済ができることを伝えるなど、そのユーザーに合わせた買わない理由を消し去るような提案をしていくと購入率も上がっていきます。

もちろんそのターゲットユーザーが普段触れているものや、類似商品との価格やサービスの比較をするのも有効な手段です。

Narrow down：限定性や緊急性で絞り込む

その商品に対しての人数や期間の限定、キャンペーンの情報などを伝えるブロックです。前のブロックのOffer同様にクロージングになるため、Offerと同時に文章を作成する場合もありますし、Offer後に限定のブロックを作り、二段構えでクロージングしていくほうが成約率が上がる商品もあります。

わかってはいても、限定という言葉があると買いたくなってしまうものなので、嘘はいけませんが必ず入れるようにするべきブロックです。

Action：行動を呼びかける

今買うべき理由を挙げて行動してもらうブロックです。前のNarrow downのブロックと似ていますが、わかりやすく【申込みはこちらから】

や【一緒にダイエット頑張りましょう】などのユーザーの背中を押す文章のことを指します。

かしこまった文章を書く人に多いのですが、前のNarrow downのブロックまでは文章が作れているのにこの行動を呼びかけるブロックが疎かになっていて販売ページへの誘導ができないということも起こりがちです。

何度もお伝えしていますが、Facebook広告で集客するユーザーは暇つぶしをしている状態なので行動を促さないと行動してくれないと考えるべきです。冒頭部分の共感のブロックとも通じる部分がありますが、仲間、同志だと共感してくれていればあなたからの最後のひと押しは非常に刺さる言葉になっているので、忘れずに行動を呼びかけるブロックは作るようにしましょう。

また、行動を呼びかけるとともに未来を想像させるような、商品から得られる副産物のような、そんなメリットの提示も効果的です。ダイエットをしたら前向きになれた、VODサービスを契約したら家族の時間が増えた、など本来の目的を達成することで得られるメリットを想像させると商品の価値以上に自分の未来にメリットを感じてくれるユーザーも多いです。

Actionのブロックには、背中を押す言葉と未来を想像させる、この2つは必ず入れるようにしましょう。

ランディングページを作るための準備と作成ツール

ターゲットユーザーを想定しよう

ランディングページは構成を理解するだけではなく、ランディングページを作る前に広告で扱う商品の決定、その商品を購入しやすいターゲットを想定する必要があります。そして、このターゲット設定ですがより細かく設定することがとても重要になってきます。

ランディングページの内容が広告の内容にも直結するため、ランディングページのターゲットがぼやけていると広告の訴求もぼやけてしまい、広告の反応が落ちてしまいます。広告の反応が落ちるということはFacebookのAIによる最適化の精度が落ちるということにつながるので、結果としてCPC、CPMの高騰につながってしまいます。

このようにランディングページのターゲット設定をきちんとしておかないと、結果的に広告費の高騰につながってしまいますので、ランディングページのターゲット設定は細かく行っていきましょう。

●ターゲットは明確に

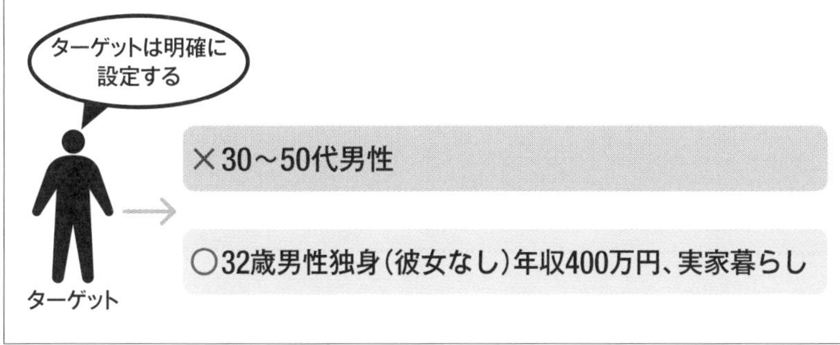

→ログラインを作成する

ターゲット設定ができたら文章を書いていきますが、いきなりランディングページの文章を書くというのはなかなか難しいです。そこでまずは300文字くらいのログラインという記事の内容を簡略化したものを作ってみましょう。

このログラインは元々映画を作る際に、監督が映画のあらすじを簡略化し、脚本を書く前に用いたもので、このログラインがつまらなければ、何度も作り直すほど重要なものです。ランディングページを書く際もこのログラインを使うことで、起承転結がしっかりした「読める内容」にまとめることができます。

例えば、映画アイアンマンなら「世界一の武器商人がテロリストに拉致されたことをきっかけに自分自身を武器だらけヒーローに改造し世界を救う話」、魔女の宅急便なら「田舎の見習い魔女が大都会で魔法の箒を使った宅配の仕事や恋をしながら成長するお話」という形にしたものをログラインと呼びます。ランディングページを書く前のあらすじの役割になるので、記事を書いたあとに伝えたい内容が記事の中にあるのかの確認にも使用できます。

ログラインを作る際のポイントとしては、この文章の中にあるターゲット設定に共感できる内容が入っているかと、広告で扱う商品がターゲットに対して魅力的に映るかどうかを考えることです。ランディングページを書き始める初心者に多い２つの失敗が、ターゲットに当てはまらない誰にでも通じる内容になってしまっている、ランディングページが長い割に内容がバラバラというものです。いずれも何を伝えたいのかわからない記事になってしまっているので、そういった失敗を防ぐためにログラインを用意してみてください。ログラインがあれば、最低限伝えたいことは伝えられる内容に膨らませることができますし、話がずれていくことも防げます。

→ランディングページの文章を作成する

ログラインができたら次に新・PASONAの法則に従って、ランディングページのための文章を作成していきます。いきなりランディングページを作るというのではなく、まずはログラインを元に文章化して、そこからサイトにしていくほうが失敗が少ないです。

サイトという形にしてしまうと画像が気になる、デザインの色合いをもっとこうしたいなど、売上に直結しない余計なこだわりに目が向いてしまうので、文章を作成してから、文章を補足する意味合いで画像を探すという流れにしていきましょう。

ランディングページのための文章ですが、ログラインから見出しを作成することから始めていきます。見出しはランディングページの中でも目立つ形で表示されるので、見出しだけを流し読みしてもログラインで作った文章の意味が通じるように作成するようにしましょう。

●ランディングページを作る工程

①ランディングページの構成を考える（ログラインの作成）

②新・PASONAの法則に合わせ見出しの作成

③見出しに合わせて段落毎に文章作成

④ランディングページに合った画像を見つける

⑤ランディングページ作成、ピクセルの設置

見出しは新・PASONAの法則に従い、共感させる要素、解決策の提案、限定感や緊急性などそれぞれの重要な段落を外さないように作成していきましょう。見出しが出来上がったら、見出しに合わせてそれぞれの段落で文章を作っていきます。

このときに作成する文章は見出しと見出しをつなぎながら、新・PASONAの法則の要素を外さないようにしていくと全体の構成を違和感なく作ることができます。

→ ターゲットユーザーがよく目にする文体で作成する

新・PASONAの法則を基礎にランディングページを作ることも大切で

すが、他にもFacebook広告ならではの文章作成で気をつける部分があります。それがランディングページの文章の構成だけではなく、言葉遣いや文字の大きさにも気を使うということです。

その世代がよく目にする雑誌、アプリなどを研究し、文章のテイストを変えてみることもとても重要ですし、普段目にしないような難しい漢字は使わないというのもランディングページを最後まで読んでもらうための精読率に関わるとても重要な要素です。

これは弊社の例ですが、20代以下をターゲットにしたランディングページでは漢字が3文字以上続かない工夫をしたらページの精読率が向上し、売上が増えたという事例もありました。（例：【重要性→大切なこと】と書き換える）普段から活字を読まないターゲットにはそれくらい配慮するほうが良い結果になる場合もあります。

→ ランディングページはステマになるのか？

Facebook広告に出稿するページをランディングページにすると、ステマになるのでは？　と心配される方もいるかもしれませんが、すでに販売ページで公開している情報をターゲットに合わせてわかり易い言葉に書き換える、口コミをわかりやすい状態で編集し直すというものなのでステマというわけではありません。

販売ページの場合、どうしてもターゲットが広くなってしまいがちですが、Facebook広告はターゲットを絞った広告、ランディングページで潜在的なユーザーに悩みに気がついてもらい、商品の必要性を理解してもらう必要性があるので、ターゲットに合わせた言葉、デザイン、口コミの絞り込みなどが必要になります。

例えば、ビジネスマン向けではニュースサイト風のランディングページにして、文章を少し固めに設定し、イラストよりも写真で情報を伝えてみる。若い世代であればなるべく行間を詰めすぎずに写真の中に文字を入れる、イラストを多めにしてみるという工夫をすると、ターゲットに合ったランディングページを作成することができます。

→ ランディングページの画像の使用率について

ランディングページで気をつけたいのが画像を使う頻度です。共感を生み出せる文章を作っても、文章ばかりのランディングページは離脱する確率が上がってしまいます。ここでも忘れてはいけないのがユーザーはFacebookやInstagramからアクセスしてくるユーザーということです。

FacebookやInstagramのタイムラインを思い出していただきたいのですが、1～2スクロールに1枚は写真が表示されていないでしょうか？　つまり、それくらいの出現率でランディングページでも画像を使うということを意識する必要があります。

もちろん画像だらけになると文章の意図が伝わらないので、見出しを工夫したり、目を留めてもらいたい文章はあえて画像内に吹き出し付きでテキストを入れるなどの工夫をすると、スマホで流し読みした際もランディングページで伝えたい大枠は伝わります。

画像や見出しをうまく使うことで流し読みしているユーザーの目を留め、そこから読む態勢を整えてもらうということにもつながるので、画像は適当に配置するのではなく、意図的に目を留めさせて、その前後の文章で心を掴む、という意識をしていくと反応の良いランディングページにつながっていきます。

→ ランディングページは何文字書けばいいのか？

ランディングページの作成を指導していると、何文字くらい書けばいいのか？　というご質問を時折いただくことがあります。こういった質問をされる方の多くはSEO対策で集客をされていた方なんですが、Facebook広告で相対するのはGoogleのクローラーではなく、FacebookやInstagramを使っている人間なので文字数は関係ない要素です。

前述したとおり、ターゲットに合わせた共感を生む文章を順序立てて必要な要素を段落毎に落とし込んでいくのがFacebook広告で稼ぎやすいランディングページの1つの形です。

この必要な要素の大前提にあるのが、Facebookユーザーは買い物しようとしているわけではないということなので、何文字書くか？　ということよりも、ターゲット設定を細かくして、潜在的な悩みに気が付かせる広告と自分ごと化してもらうランディングページを作れているかどうかが大切になってきます。

どうしても文字数にこだわるのであれば、ターゲットによって読める活字の文字数は違うので、ターゲットユーザーが普段から読んでいるニュースサイトの文字数などを参考にするのも1つの手です。スマホユーザーのほとんどは長すぎる文章よりも簡潔に必要な要素を伝えられるページのほうが、ユーザーには好まれる傾向にあるというのは確かです。

→ WordPressを使うと簡単に作れる

ランディングページを作るには、ホームページを作る専門知識がなくてもWordPressという簡単にサイトを作ることのできるツールを使うと簡単です。自分自身で使いたいサイト作成ツールがあったり、ホームページを作れる方はランディングページを自作しても問題ありません。本書ではエックスサーバーというレンタルサーバーを使用し、WordPressをインストールする工程を解説します。

エックスサーバーのプランは一番安い価格の【X10プラン】で十分な性能がありますので、【X10プラン】を契約しサーバーパネルから【WordPress簡単インストール】という機能を使いWordPressをインストールします。エックスサーバーはWordPressにも使用できるエックスサーバー提供のドメインがあるので、ドメインを別で契約する必要がありません。

●ワードプレスでランディングページを作る流れ

①レンタルサーバーを契約する

②WordPressをインストールする

③無料テンプレートを導入する

④固定ページでランディングページを作成しFacebookピクセルを設置

⑤サーバーにリダイレクトページをアップロードする

WordPressのインストールが終わった後はテンプレートを設定しますが、最近ではテンプレートは無料で高性能なものがたくさん出てきているので活用していきましょう。本書で紹介するのは『Cocoon』というテンプレートですが、アフィリエイト用に作成されていて、WordPressを初めて使う初心者の方から、デザインにこだわりたい上級者の方まで多くの人に支持されているテンプレートです。

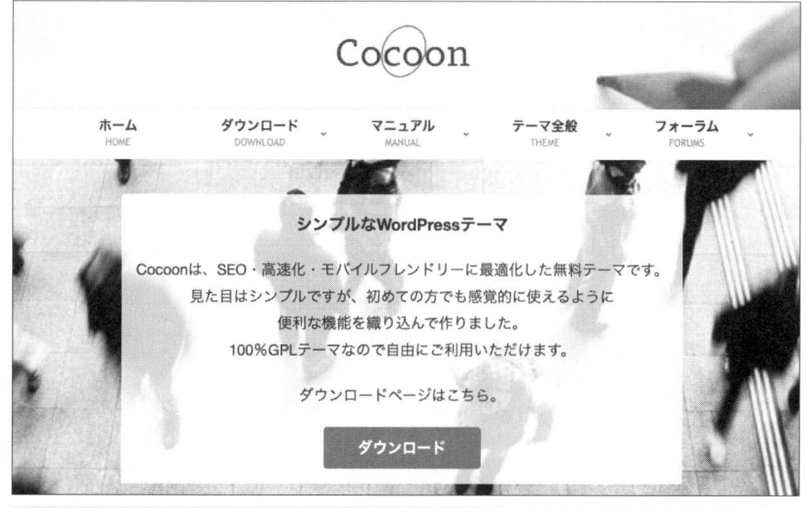

Cocoon | 無料WordPressテーマ
https://wp-cocoon.com/

アフィリエイトでも使いやすく、クセのないデザインのワードプレステンプレート。ランディングページ作成でも問題なく使うことができます

WordPressのインストールとテンプレートの設定、リダイレクトページのアップロードについて詳しい方法については会員ページにて動画マニュアルも用意しています。

→ 固定ページで作成すると作りやすい

WordPressのテンプレートを設定したら、固定ページにランディングページの内容を入力し、Facebookピクセルも設置していきます。

WordPressの管理画面から固定ページの新規追加をクリックし投稿画面を開きます。タイトルの入力方法や文章や画像に関しては通常のWordPressの投稿と変わりませんが、気をつける点が2点あります。

1つ目が投稿画面にある「ページ設定」という項目です。この項目を【本文のみ（狭い）】にすることでサイドバーやヘッダー、その他ブログっぽい装飾がないシンプルな固定ページを作成することが可能になります。

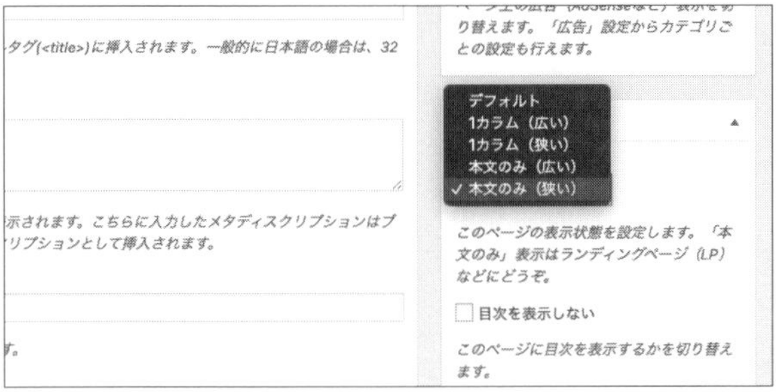

ページ設定は【本文のみ（狭い）】にすることでシンプルなページを作ることができます

2つ目がFacebookピクセルの設置方法です。投稿画面のメインの文章を入力する箇所を「テキストモード」に切り替えてFacebookピクセルのスクリプトコードを貼り付けてください。途中で余分な改行が入ると動作しない可能性があるので、「ビジュアルモード」ではなく、必ず「テキストモード」に切り替えて貼り付けてください。

改行が入ってしまうとイクセルが正常に動かないので「テキストモード」で貼り付ける

この2点を気をつけることでWordPressでも簡単にランディングページを作成することができます。

リダイレクトページはWordPress上では作成できないので、別途作業しサーバーへのアップロードが必要となります。詳しい方法は本書の巻末からご覧いただける読者専用ページで 解説しておりますので、ぜひとも参考にしてください。

Section 05 コンバージョンを狙う広告の出稿してみよう

Facebook広告はターゲットを絞らずに配信

Facebook広告はユーザー登録が細かい項目で行われているので、性別や年齢、住んでいる地域、学歴など細かくオーディエンスサイズを絞って広告を配信することも可能です。ただ、細かく指定すればするほど、その中からさらにAIが絞り込みをかけていくため、配信される人数は少なくなっていきます。また、ユーザー数が絞られることでCPC、CPMといった広告費に直結する数値も高くなるので費用対効果が悪くなります。

少ない予算のFacebook広告で利益を出していくためには、自分で性別や年齢などのオーディエンスサイズは絞らずにAIに最適なユーザーを選別してもらう方が効率的ですし、費用対効果が高まります。

そのため広告キャンペーンの目的は「コンバージョン」に設定し、広告セットの設定は日本にし、男女に配信、年齢は18～65+というオーディエンスサイズでのスタートでAIに最適化はしっかりと実施されていきます。

広告画像、テキストでターゲットを絞り込む

Facebook広告においてターゲットを絞らない設定で広告を配信するということは闇雲に広告を出稿するという意味とイコールではありません。あくまで配信の設定上はターゲットを絞っていませんが、ターゲットを絞り込むのをAIに任せることができるのがFacebook広告の最大のメリットです。

このメリットを最大限活かすために僕たちがやらなければいけないのが、広告で使う画像やテキストをログラインやランディンページで設定したターゲットの目に留まるような内容にしていくという作業です。

広告で使う画像とテキストの組み合わせ、または配信する広告のことをクリエイティブと呼びますが、このクリエイティブの内容によって、

FacebookのAIがどのユーザー層に配信するべきかの大まかな舵取りをしていきます。

最初は大まかな配信になりますが、配信後のユーザー反応やユーザーが広告にたどり着いてランディングページを読み、販売ページまでたどり着いたか？　設定したカスタムコンバージョンが獲得できているか？　というのを分析しながら、FacebookのAIがより反応の良いユーザー層に絞り込んでいき、広告の配信が最適化されていくのです。

僕たちは配信するユーザーを広告の設定上では絞らずに、クリエイティブを元にAIにユーザーを絞り込んでもらうことで配信コストも下がっていきますし、想定していない年齢層、性別で商品を購入、申し込みするユーザーの獲得もできるため、売上拡大、利益拡大につながっていきます。

→ 配信する地域を絞り込むことも可能

商品によっては地域を絞り込みたいという場合もあると思いますが、その場合は地域だけを絞り込み、年齢層は絞り込まないほうが得策です。以前、保育園の園児募集の広告配信の依頼があった際は、クリエイティブでは30代のママをターゲットにしていたのですが、孫の面倒を普段から見ている事が多かったおじいちゃん、おばあちゃん世代からの申込みが多くあったというケースがありました。地域を絞った場合でも当初想定しているターゲット以外の申込みが増えるケースが多い結果になる広告もあるからです。

地域を絞り込むと、ターゲットとなるオーディエンスが狭くなるので必然的にコンバージョンを獲得するための広告費は高くなってしまいますが、実は地域を絞ることでのメリットも生じてきます。

Facebook広告はSNSというサービスの側面があるため、他の広告にはないシェア機能があります。地域情報というのは投稿のシェアが起こりやすく、シェアが起こるとシェアしたユーザーの知り合いに無料で広告が配信にされていきます。広告のシェアが起こると、CPCやCPMも必然的に低くなっていくため、予定よりも広告費が低く収まったというケースも出てきます。

→ コンバージョンを目的とした広告を配信しよう

それではコンバージョンを目的とした広告の出稿方法を解説していきます。広告マネージャから【作成】ボタンをクリックし、広告の目的を選択します。

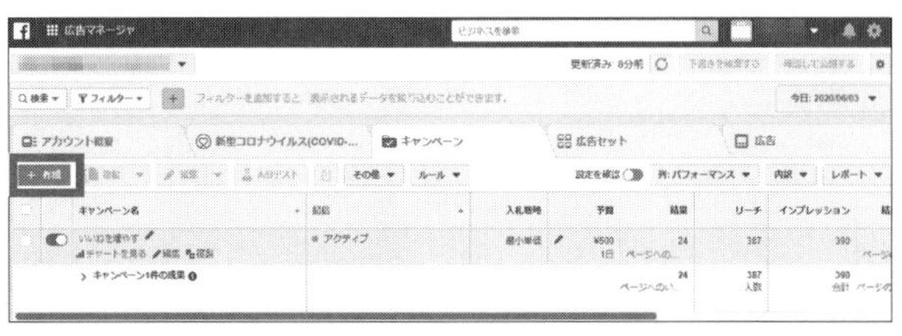

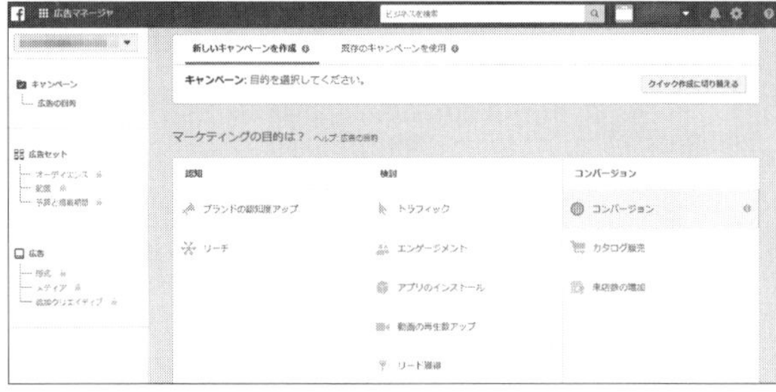

ガイドツールでの作成画面です。コンバージョンを選択し広告を作成していきます

広告の目的はコンバージョンに設定し、キャンペーンの名前はわかりやすいものをつけておきましょう。このときにキャンペーンの1日の予算も設定し、【次へ】をクリックします。運用開始時は反応の良いクリエイティブがわからない方も多いと思いますので、1日500円からスタートし、広告の画像をいくつも試しながら反応の良いクリエイティブが見つかったら広告費を上げていきましょう。

予算は最初から大きくする必要はありません。少ない金額でも広告のテストやAIの最適化をかけていくことは可能です

次に広告セットの設定を行っていきます。広告セット名には広告セットの設定がわかりやすい名前を入力し、リンク先は「ウェブサイト」のまま進みます。

今回の広告はリンク先をウェブサイトに設定して進めましょう

イベントを選択の部分はコンバージョン広告で最適化をかけたいポイント、カスタムコンバージョンを選択します。このイベントの選択は後からも変更可能で、運用初期の段階では販売ページやアフィリエイトの場合リダイレクトページに設定し、マイクロコンバージョンを最適化ポイントに設定することで最適化のスピードを早めることができます。

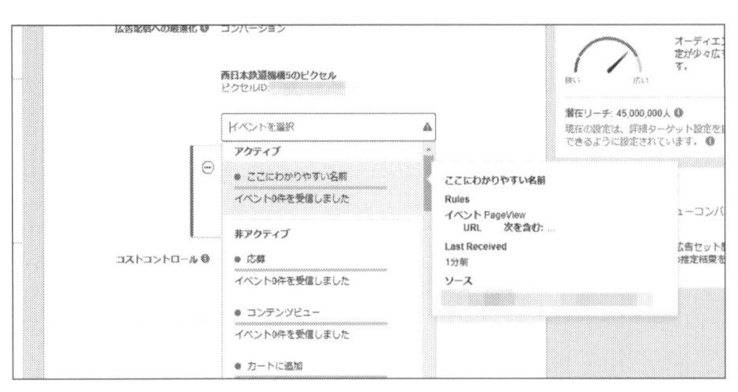

前述したカスタムコンバージョンの名称が出てくるので選択して進めます

ダイナミッククリエイティブやクーポンをオフのまま進みます。オーディエンスでは広告を配信するターゲットユーザーを設定できます。デフォルトでは配信地域は日本、年齢は18～65歳以上、性別はすべての性別（男女+不明）になっていますが、この部分は特別な条件がない限り変更しなくても良いです。

いいね！を増やす広告同様に大きく変更をしなくても最適なユーザーに配信は絞られていきます

配置は配信するデバイスや媒体を選択することができますが、ここも本来は絞り込む必要はなく、AIの最適化に任せるほうが費用対効果は高くなることもあります。ただ少額運用だとモバイル（スマホ）のみに配信するほうがテストも簡単に行えるますし、スマホの利用者のほうが圧倒的に多い広告なので、全体の売上のインパクトも下がりません。また、アフィリエイトの場合、モバイルのみに配信するほうがライバルであるアフィリエイターに広告をクリックされづらくなるというメリットも生じてきます。

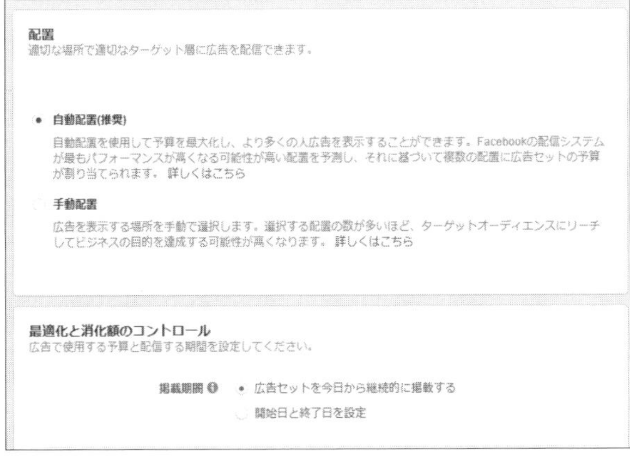

この部分はモバイルのみに配信でも十分な人数のユーザーに広告は配信されます

そのためこの配置に関しては「手動配置」に切り替え、パソコンのチェックを外し運用することを少額運用ではおすすめしています。

最適化と消化額のコントロールは掲載期間の設定ができる項目です。配信期間を絞りたい場合はこの項目で設定しておきましょう。そのままにしておくと審査が終わり次第、自動的に広告は配信されていきます。設定が決まったら【次へ】をクリックします。

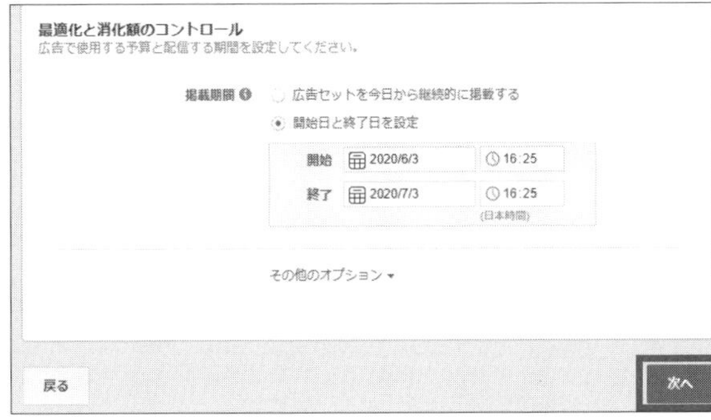

配信時間は審査が終わった翌日の午前０時からに設定しておくと日予算をまんべんなく２４時間で使う配信でスタートできるので効果測定が取りやすい

この画面からは実際にユーザーに表示される広告の設定を行っていきます。まずは広告の名前をつけますが、Facebookページにいいね！を増やす広告同様に画像とテキストの組み合わせでクリエイティブは作られます。なので、「画像1テキスト1」「画像2テキスト1」などわかりやすい名前をつけておきましょう。

広告名
名前作成テンプレートを作成
クイック作成に切り替える
画像1
アイデンティティ
Facebookページ
Instagramアカウント
選択されたページを使用
広告を作成　既存の投稿を使用　モックアップを使用
形式

広告の名称はわかりやすく、管理しやすくしておくということを心がけると広告テストをしやすくなります

アイデンティティの部分では広告で使うFacebookページを選択します。Facebookページにいいね！を増やす広告でいいねを増やしたFacebookページを選択し、下の形式に進みます。

様々な形式の広告がありますが、画像がシンプルな広告でテストもしやすいため運用初期は画像広告でスタートしましょう

形式は「1件の画像または動画」を使って解説していきます。広告の形式は少しずつ増えていますし、スマホアプリの流行り廃りで反応の良い広告も変わるので、時間がある際に他の形式もテストしてみると良いと思います。

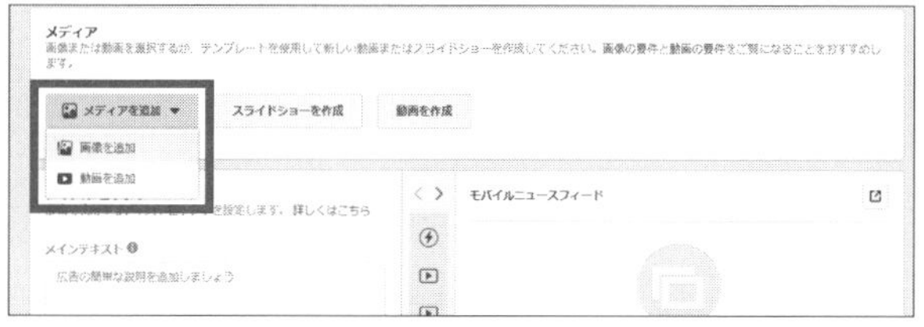

動画も選択することは可能ですが、製作コストもかかるので利益が出る運用になってから取り入れましょう

メディアではクリエイティブに使う画像や動画を選択します。今回は【メディアを追加】ボタンから画像を選択します。

プレビュー画面でテキストや見出しがどのように表示されるかを確認しましょう

テキストとリンクでは「メインテキスト」と「見出し」にクリエイティブに表示される文章、「ウェブサイト」にランディングページのURLを入力します。入力すると画面右側に広告のプレビューが表示されます。

広告が表示される媒体を確認することができます。特にFacebook、Instagram、ストーリーズなど配信が多くなる配信面は必ず確認しましょう

広告のプレビューは媒体毎に確認できるので、Facebookのニュースフィード、Instagramのフィード、ストーリーズなどインプレションが多い箇所の表示は必ず確認しましょう。配信媒体によっては「メインテキスト」と「見出し」の文字数が多い、画像のサイズが合っていないということで表示が想像と違うという場合もあるので注意しましょう。

Instagramでの広告の配信例。Facebookでの配信とはレイアウトが異なる

広告の表示を確認したらトラッキングの下に表示されている【実行する】ボタンをクリックすると広告が審査状態になり、審査が終わり次第に広告の配信がスタートします。

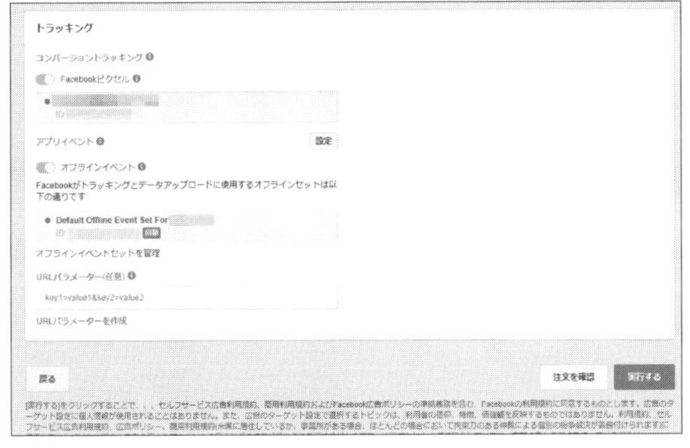

【実行する】ボタンをクリックする前に最終確認をしましょう

複数の広告を同時に出稿し、画像のテストをする場合は広告マネージャの画面で「広告」のタブに切り替え、広告の複製をすることで画像のみを変更した広告を作成する、ということなど手間を省いた広告の作成が可能になります。

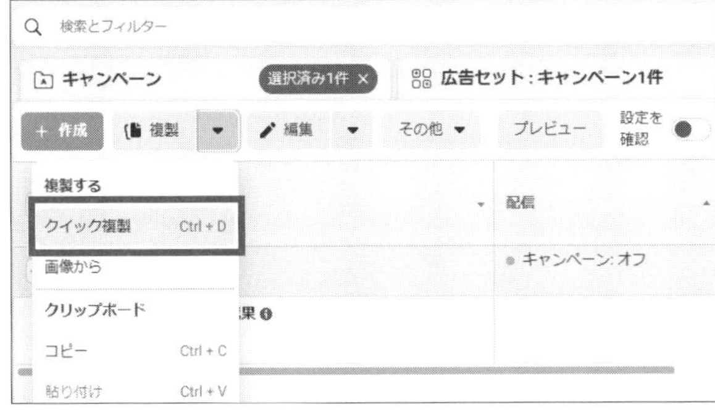

広告タブを開き、すでに作成している広告にチェックを入れ【複製】から【クイック複製】を選ぶとランディングページのURLやテキストなどを反映した状態で広告の作成が可能です。広告名や画像を変えて出稿できます

→ Facebook広告で使える画像サイズについて

Facebook広告で使える画像にはサイズや解像度、ファイルの拡張子にある程度のルールが設けられています。画像、動画、カルーセル、スライ

ドショーなどの広告の種類、Facebook、Instagram、オーディエンスネットワークなど配信先にもよって、対応する画像サイズがそれぞれ異なるので、すべてに対応できるサイズを用意するのは難しいです。

ただ、ある程度のサイズ感の画像を出稿していれば、自動的にリサイズがかかり、配信されるので、大きな心配はいりません。そのためFacebookのタイムライン、Instagramのタイムラインなど、メインで配信される配信場所の画像サイズだけを把握し、準備して配信状況を見てから配信数が多い配信先の画像サイズの広告を追加するという形で進めていきましょう。

●主な配信先の対応画像サイズの一例（2020年9月現在）

	ファイルタイプ	画像アスペクト比	推奨解像度	最小幅
Facebook フィード（モバイル）	jpgまたはpng	1.91:1～4:5	特に指定なし	320ピクセル
Facebook フィード（パソコン）	jpgまたはpng	1.91:1～4:5	特に指定なし	476ピクセル
Facebook ストーリーズ	jpgまたはpng	1.91～9:16	特に指定なし	500ピクセル
Instagram フィード	jpgまたはpng	1.91～9:16	特に指定なし	500ピクセル
Audience Network	jpgまたはpng	16:9～9:16	特に指定なし	398ピクセル

FacebookやInstagramでもタイムラインかストーリーズかにもよって、最適な画像サイズは異なるため詳しくはFacebook広告ガイドを参照してみてください。https://www.facebook.com/business/ads-guide/image

基本的にファイル形式は「jpg」、「png」に対応していて、アスペクト比という縦横のバランスが9:16～16:9、推奨解像度が1080x1080ピクセル以上ということになっているので、1080ピクセルの正方形の画像を用意しておくとFacebook、Instagramともに問題なく広告は表示されます。それぞれの配信先の適切な推奨事項はFacebook広告ガイドを確認すると、テキストを含めた細かいルールを確認することができます。

見込み客の購買意欲上げるために準備しておきたいツール

アクセス解析を導入は必須ではありません

Facebook広告の運用のお手伝いをしている企業様から広告で配信するランディングページにアクセス解析は必要か？　というご質問をいただくことがあるのですが、Facebook広告においては必須ではありません。

特にどれくらいの人数がページにアクセスしたかというアクセス数や、どこからアクセスがあったかという情報を見るという目的であれば、Facebookの管理画面から確認することができます。

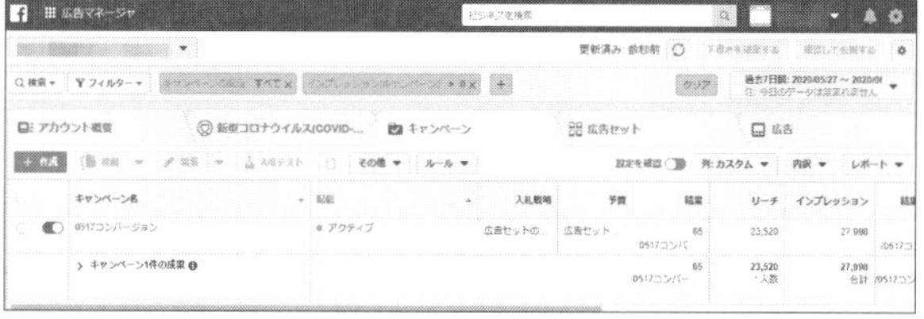

広告マネージャ上で出稿した広告の様々なデータを確認することができます

広告マネージャの広告の数値にある【内訳】をクリックすると様々な広告データを分析することができます。広告の配信場所を確認するには「配置」をクリックします。

内訳からはどの場所にどういったユーザーに広告が配信されたかという結果を確認することができます

このようにFacebookやInstagramでどの場所に表示された広告にどれくらいインプレッションがあったかなどの確認が可能です。またこうした数値の確認の詳細は【内訳】の隣りにある【列】という項目から普段は表示されていない項目を表示させて確認することも可能です。

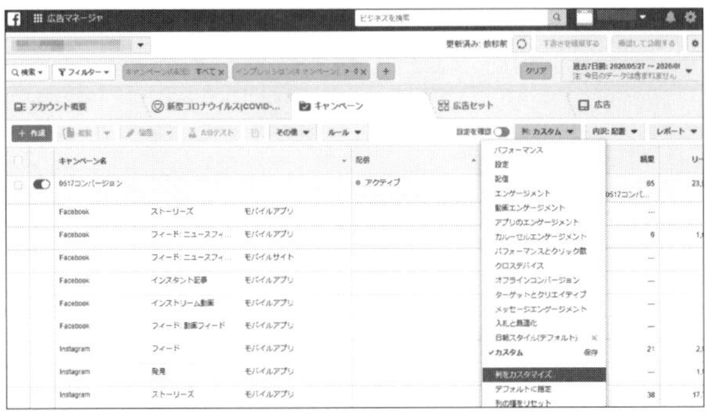

すべての項目を確認する必要はありませんが、アクセス解析以上に重要な数値を確認することができる

「列をカスタマイズ」をクリックすると、広告の配信結果を細かく分析するための数値項目が表示されるので、必要に応じてチェックをし、表示、非表示を選択しておきましょう。この「列をカスタマイズ」は名前を付けて保存することも可能ですし、デフォルトで表示させる項目を固定することもできます。

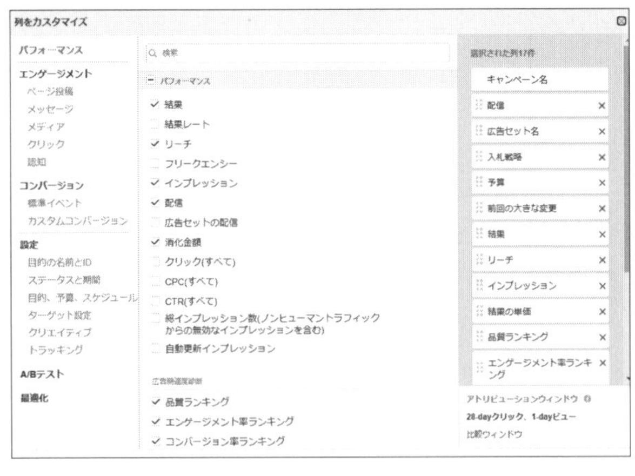

「列をカスタマイズ」を行うことで効果測定をスムーズに行えるようになります

●列のカスタマイズで表示させる主な項目

表示項目	項目の意味
インプレッション	広告の表示回数
消化金額	使われた広告費
クリック	広告のクリック回数
CPC（すべて）	広告のクリック単価
CTR(すべて)	広告のクリック率
CPM	1000インプレッションあたりの広告費
結果	広告セットで設定したカスタムコンバージョンの達成回数
結果の単価	広告セットで設定したカスタムコンバージョンの達成単価
エンゲージメント率 ランキング	同じジャンルの広告の中で広告表が良いかどうかの目安
品質ランキング	設定したオーディエンスに対して広告が適切な内容かどうかの目安
コンバージョン率 ランキング	同じジャンルの広告の中でコンバージョン率の目安

●配置で確認できる主な情報

内訳の項目	項目の内容
日	日別の広告の数値を見ることができる
年齢	年齢別の広告の数値を見ることができる
性別	男性、女性、性別不明登録者への広告の数値を見ることができる
年齢と性別	性別と年齢別の広告の数値を見ることができる
地域	県や州別の広告の数値を見ることができる
配置	配信されている媒体、表示場所別の広告の数値を見ることができる
インプレッションデバイス	iPhoneやAndroidなどデバイス別の広告の数値を見ることができる
時間 (広告アカウントの時間帯)	時間別の広告の数値を見ることができる

ある程度の配信状況は広告マネージャから確認することができますが、実際にどこから流入で成約があったのか？　を確認したい場合は、リファラが追いやすいアクセス解析ツールも導入すると良いです。弊社の場合は「リサーチアルチザンプロ」というサービスを利用しています。

このサービスの特徴としては広告からランディングページ、ランディングページから販売ページにアクセス解析用のタグを埋め込んでおくと、しっかりと同じユーザーの行動を時系列で記録してくれますし、直感的に使えるので管理がしやすいです。販売ページにアクセス解析用のタグを埋め込んでおくと、しっかりと同じユーザーの行動を時系列で記録してくれますし、直感的に使えるので管理がしやすいです。

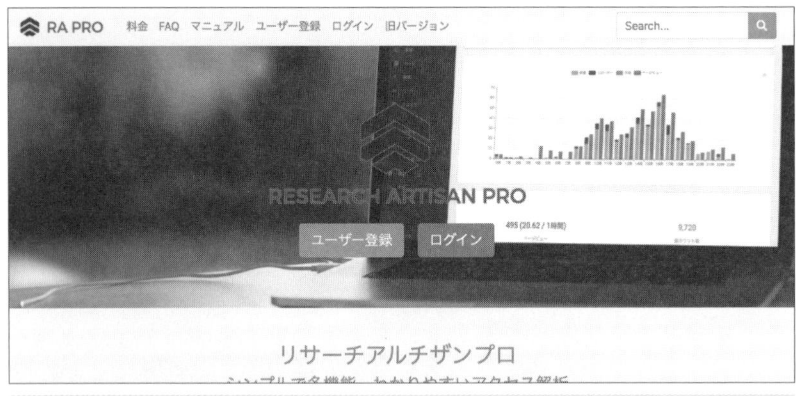

リサーチアルチザンプロ
https://pro.research-artisan.net/

アクセス解析としても優秀なツールですが、どのサイトから何時にアクセスが来て、どのリンクをクリックして離脱したか？　という広告で大切な要素を確認できるためFacebook広告運用では重宝します

アフィリエイトの場合でも成約になった場合、成約の時間だけではなく、アフィリエイトのクリック時間が表示される仕様のASPも多いので、数秒のラグはありますが、成果をしっかりと追うことで成果の出やすい配信面を見極めることができます。

余談ですが、無料でも使えるGoogle Analyticsでもリファラが追おうとしたことがあったのですが、計測のズレや画面のわかりづらさがあったので断念しました。

ヒートマップツールの導入がおすすめ

アクセス解析に関しては成果が出始めてから導入を考える、ということでも問題ないですが、売上を左右するランディングページの反応を上げるためにヒートマップツールの導入は必ず行いましょう。

ヒートマップツールはランディングページがどこまでスクロールされて離脱されているか（読まれているか）、どこに目が留まっているかが可視化できるツールとなっています。弊社では「ミエルカヒートマップ」を利用していますが、ランディングページの弱点を早期に発見し、修正ができるので、Facebook広告に限らず、広告運用には必須のツールと言えます。

ミエルカヒートマップ
https://mieru-ca.com/heatmap/

ユーザーがランディングページのどこまでをどれくらい読み込んでいて、どこで離脱したかを可視化できるツール。ランディングページの変更前と変更語を見比べる機能が広告運用では大いに役立ちます

毎日ランディングページのキャプチャとスクロールデータも保存されるので、ランディングページの修正を行った際も、修正前後の数値の変化を直感的に判断することができます。

ランディングページの修正を効率よくするには、一度に何ヶ所も修正せずに修正の効果をわかりやすくするということが大切です。例えばランディングページを開いたときにタイトルと画像を同時に修正してしまうと、反応が良くなったとしても、どちらの要因で好転したのかがはっきりしなくなってしまいます。この場合は、どちらか一つに修正箇所を絞り、一度の作業で同時に修正を入れたい場合は、ページ上部と下部で1箇所ずつ修正するなど、効果測定が取りやすいように工夫しましょう。

ヒートマップツールで見るべきポイント

ミエルカヒートマップでは主に3つの機能でランディングページの良し悪しを判断していきます。それが「アテンション／リードヒートマップ」、「スクロールヒートマップ」、「クリックヒートマップ」という3つのヒートマップです。

●ミエルカヒートマップの主な機能

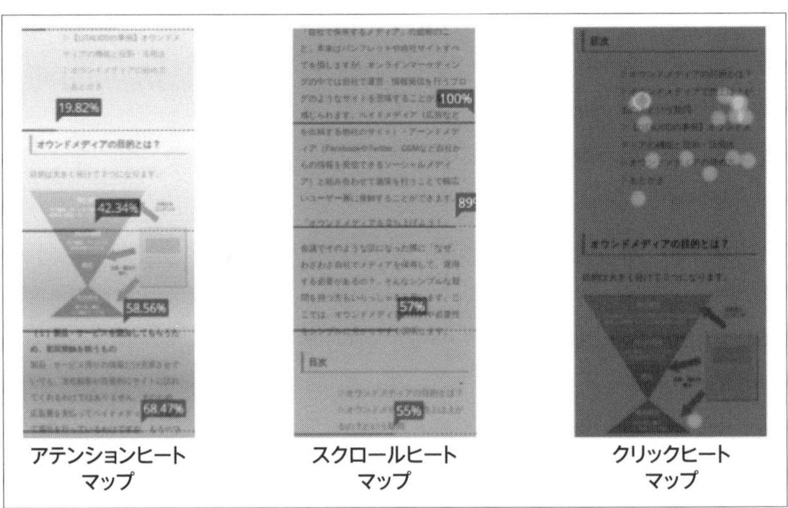

https://mieru-ca.com/heatmap/what-is-heatmap/
ミエルカヒートマップのホームページでも詳しい機能は確認できる。ユーザー行動が可視化できるのでランディングページの検証と改善に大いに役立てることができます

それぞれ説明していくと、「アテンション／リードヒートマップ」はユーザーが目を止めた箇所がユーザーの割合とともに濃い赤になっていき、反応が薄くなるとオレンジ、黄色、黄緑とどんどん薄い色になっていくとい

うヒートマップです。

次に「スクロールヒートマップ」は、どこまで読まれたかという精読率が図れるヒートマップになっていて、「アテンション／リードヒートマップ」と同様に読み込んだユーザーの割合を数値と色で可視化できるものになっています。

「クリックヒートマップ」はユーザーがどのテキストや画像をクリックしたかが数値と色で可視化できるものです。Facebook広告に出稿する場合、ランディングページから販売ページに移動するリンク以外はページ内に設置しないのが望ましい状態なので、リンクテキストの内容やボタン画像の位置、内容によって、クリックされているかどうかを判断する材料にできます。

ヒートマップの使い方はそのページの目的によって様々ですが、Facebook広告でコンバージョンを目的にした場合はカスタムコンバージョンを設置した箇所まで読まれなければ意味がありませんので、「スクロールヒートマップ」で精読率を確認し、急に数字が悪化し離脱が多くなっている箇所を「アテンション／リードヒートマップ」で確認するという流れになります。

離脱が多くなっている箇所の「アテンション／リードヒートマップ」が赤くなっている場合、ユーザーの目に留まっているのに離脱してしまっているということになり、改善すべきコンテンツがそこに存在するということなので、その前後のコンテンツを段落ごとに見直す必要があります。

ヒートマップを使ったランディングページの修正ですが、画像1つ、文章1つを修正し、改善するというよりも大きな段落毎見直していくことで、細かい修正を繰り返す中で矛盾が生まれるのを防止することができますし、ヒートマップにおけるユーザーデバイスの誤差による数値のブレも考慮しながら適切な修正を行うことができます。

●ヒートマップを参考した修正の一例

スクロールヒートマップで見るとファーストビューで離脱が4割以上ある

➡見開きで表示されるタイトルや導入分で興味付け、共感が起こっていない証拠。修正を検討する

アテンションヒートマップでよく読まれている箇所がページ下部にある

➡その前後のテキスト、画像に興味が強く出ているので、上部に移動し離脱率を下げる

アテンションヒートマップでよく読まれている箇所が、スクロールヒートマップで離脱が多い

➡その前後のテキスト、画像が離脱の要因になっているので修正を検討する

クリックヒートマップで特定のテキストリンクだけクリック率が悪い

➡文言を変えて検証する

ヒートマップを見ての修正は完璧に行う必要はありませんが、あなたが読んでほしい箇所を読み飛ばされていて、結果的にコンバージョンにつながっていないのであれば、読んでほしい箇所を目立つように修正するなど使う時間に対して効果が大きい施策から行っていきましょう。

離脱が多くても結果的に利益が出ていれば広告運用としては正解ですし、そこからさらに修正によってランディングページの数値を高めるか、予算を増やして利益額を増やすかは人それぞれ違いますが、適切に時間をかけるとことは心がけてヒートマップの修正は行いましょう。

メールアドレス獲得にリード広告ではなくコンバージョンを使う理由

リード広告でもメールアドレスの獲得は可能

メールアドレスの獲得を目的とした広告の配信は、コンバージョンを目的とした広告を使わなくても配信可能です。それがキャンペーンの目的の1つであるリード広告です。

リード広告はFacebookに登録したメールアドレスがユーザー側に表示されるので、ユーザー側の申し込みが簡単なのですが、Facebookを長く使っているユーザーは現在メインで使っているメールアドレスがFacebookの登録に使っているものとは限りませんし、そもそもSNSに登録すると膨大な数のDMが届くので捨てアドレスやサブアドレスで登録している可能性も高いです。メールアドレスの獲得は数を獲得することも大切ですが、それよりもメールの到達率、開封率が継続的に高いメールアドレス、ユーザーを集めるというのも大切なことです。

またリード広告の場合、ランディングページも挟まないので登録率が低くなってしまうこともあるので、費用対効果も悪くなってしまいます。そのため、確実に届くメールアドレスを獲得するためにランディングページにフォームを設置し、フォームの登録完了ページにFacebookピクセルを埋め込み、カスタムコンバージョンで設定したコンバージョンを目的とした広告を配信するということがおすすめです。

自動返信メールで精読率を上げよう

登録フォームに関しても無料の登録フォームを利用するよりも、その後の顧客管理やステップメールを用いたリストマーケティングができるサービスを導入した方が費用対効果が高くなります。

フォームの作成やFacebookピクセルの設置がスムーズにできるのはもちろんですが、フォーム登録の際に自動返信メールが送られたり、登録後決まったタイミングでフォローメールが送信されるステップメールが使えるサービスを用意しておくと、メールアドレスの獲得から商品の販売や、リピート購入まで自動化することができます。

メールアドレスを獲得するためのライディングページではメールで送れるPDF形式のレポートやノウハウ集、YouTubeの限定動画などの配布、実店舗であればクーポンや資料請求、会員登録と称して、会員限定のオファーなどを提供する代わりにメールアドレスの登録を促していきましょう。

その後、更にオトクな情報を1週間ほどステップメール形式で配信することで、関係性を築くことができるので本格的なオファーでも成約率を高めていくことができます。

ステップメールツールの紹介

メールアドレスの獲得のコンバージョン広告にも使える、おすすめのメール配信サービスはマイスピーです。

マイスピー
https://myasp.jp/

メルマガ配信はもちろん、Facebook広告に最適な設定も可能なメール配信サービス

マイスピーは専用サーバーでのメール配信が可能なのでユーザーに配信

したメールが届かないということも非常に少ないサービスになっています。リストマーケティングの場合、メールが届かないということはその後の売上につながらないので、広告費をかけてメールアドレスを集めるという場合は、メールアドレスの質や登録後にしっかりとメールが届くか、という点をふまえてフォームを作成できる配信サービスを選ぶと良いでしょう。

また、マイスピーはPayPalやAmazon Payなどの決済サービスと連動し、独自ASP機能も持っているため、有料の商品を販売するという方にもおすすめできます。

→ メールアドレス獲得のための配信ルール

メールアドレス獲得のためのキャンペーンの作り方は、コンバージョンを目的とした配信と大きく変わりません。商品を売る広告配信と違う点としては、販売ページと購入完了ページではなく、メールアドレスの登録ページと登録完了ページというものに変わるだけでランディングページでユーザー心理を動かし、行動を促すということに変わりありません。

マイスピーを使う場合は作成したシナリオごとに「登録フォームデザイン」という項目があり、【登録フォームデザイン】と【登録完了ページ設定】からHTMLのカスタマイズが可能なので、Facebookピクセルを埋め込むことができます。

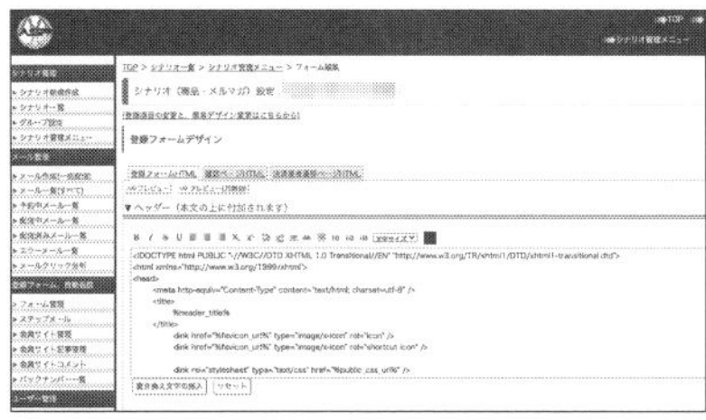

それぞれの画面でヘッダーの項目内のheadタグ内にFacebookピクセルを設置し、カスタムコンバージョンを登録完了ページのURLで設定しましょう

Facebookピクセルを埋め込み、登録完了ページをカスタムコンバージョンにすることで、AIの最適化がスムーズに進んでいきます。

Facebook広告でLINE公式アカウントの友達を増やす方法

→ コンバージョン広告でLINE公式アカウントでも収益化できる

最近ではLINE公式アカウントでメルマガを配信するという企業も増えています。通常のメールアドレスへのメルマガに比べ、常に家族、友人との連絡手段として使っているLINEに届くLINE公式アカウントはメルマガとしてかなり優秀な開封率になっています。通常のメルマガは3割程度の開封率、LINE公式アカウントは7割以上の開封率にもなります。この開封率の高さの要因はスマホは持ち歩いているし、普段の連絡手段としてLINEの通知がオンになっているユーザーが多いためですが、これまで紹介したコンバージョンを獲得する広告の応用でLINE公式アカウントの読者獲得もFacebook広告のコンバージョン広告で行うことができます。

LINE公式アカウントの読者獲得の方法は大きく分けて2つの方法がありますが、配信するメルマガのジャンルによっても反応が高いものは異なるので、それぞれの方法特長を踏まえて導入してみてください。

→ パターン1：ランディングページでLINE公式アカウントへ誘導する

1つ目はランディングページを作成し、リダイレクトページ経由でLINE公式アカウントの登録へ誘導するという方法です。

リダイレクトページのURLをカスタムコンバージョンに設定し、広告セットもこのリダイレクトページに最適化がかかる設定で配信をスタートしていきます。

●パターン1

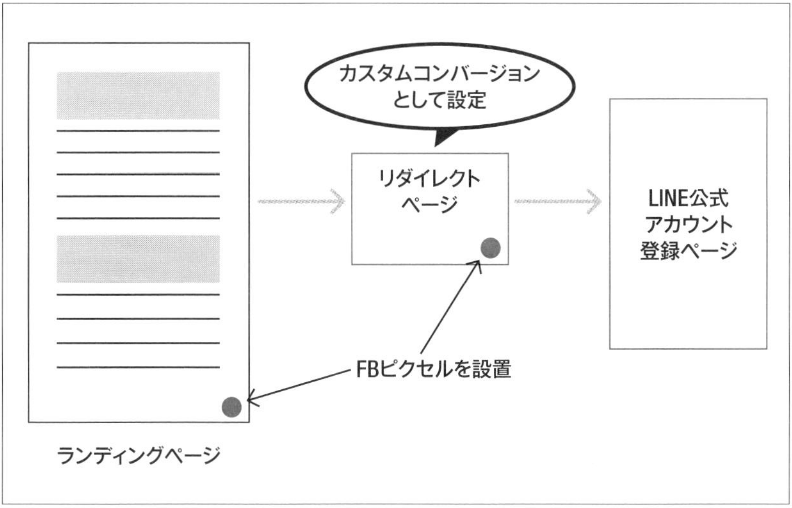

この方法はランディングページでしっかりと訴求した後に、シンプルにLINE公式アカウントの登録に移動してもらえるので、ユーザー側に煩わしさはなく、登録率が高くなります。ただ、LINE公式アカウントの登録ページに飛んだけど登録をしなかった場合や間違いクリックのユーザーでもカスタムコンバージョンとして計測されるので、多少最適化が安定しないという場合もあります。また、登録に関してはLINE公式アカウントのみになるので、氏名なども基本的にはわからず、LINE公式アカウントをブロックされるとコンタクトが取れないというデメリットもあります。

来店を促すような実店舗系の広告では店舗に来てもらえば、ブロック率もかなり低くリピートになる確率も高いので、導入スピードを重視するのであればデメリットは気にする必要はありません。

→ パターン2:ステップメールからLINE公式アカウントへ誘導する

2つ目のパターンはメールアドレスの登録後に自動返信メールでLINE公式アカウントへ誘導するという方法です。

Chapter 01
Chapter 02
Chapter 03
Chapter 04
Chapter 05
Chapter 06

Facebook広告で売上を増やすための運用方法とは？

●パターン2

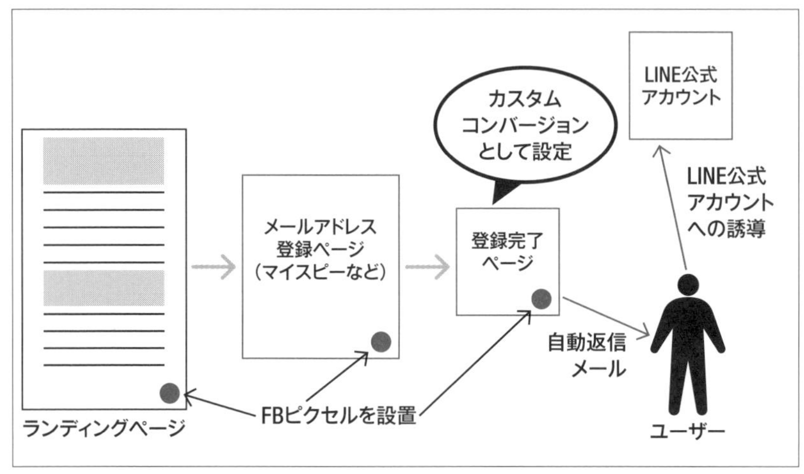

メールアドレスの登録完了ページに最適化をかけておくので、登録しなかった人に最適化がかかるということも防ぐことができます。

さらに1つ目のパターンで取得できなかった氏名やメールアドレスも獲得できるので、長期的なオファーをかけるジャンルではかなり精読率が高かったです。LINE公式アカウントへの誘導も一度だけではなく、ステップメールで複数回アプローチできますし、LINE公式アカウントへ登録で更にお得なプレゼントなども用意しておくと登録率は9割以上になることもありました。

デメリットとしては、導入までにフォームの準備や、メールアドレス登録のプレゼントだけではなく、LINE公式アカウント用の特典の準備など複数のステップを踏む必要があるというです。長期的なオファーやリピート購入を狙うのであれば、パターン2のほうが費用対効果は高くなります。

Chapter 05

広告の費用対効果を上げるための広告の改善手段を知ろう

運用を成功させるために理解するべき数字とフローチャート

Facebook広告はすべての数値を追う必要はない

Facebook広告で売上と利益をしっかりと出していくためには運用することで動いていく数値の意味を理解し、コントロールしていくことが大切です。ただ、Facebook広告の管理画面上で表示されるすべての数値をコントロールする必要はありません。

Facebook広告の管理画面の広告マネージャやランディングページで見るべき数値と改善するためのポイントを理解し、日々向き合っていくということを繰り返すということがFacebook広告では重要な要素になっていきます。

広告運用は配信してゴールではなく、配信しながら検証、修正、改善してその精度を高めていきます。AIの最適化がかかるために必要な週50件以上のコンバージョンの獲得も、低予算で獲得するためには広告クリエイティブ、ランディングページの内容とがとても重要になってきますので、理解を深めておきましょう。

覚えておくべき数値と変動要因を理解しよう

Facebook広告運用で覚えるべき数値はFacebook広告の広告マネージャで見ることのできる数値と、ランディングページのヒートマップ上の数値でそれぞれ存在し、数値ごとに変動する要因も異なります。また、それぞれの数値は運用のフェーズによって見るべき数値、改善しなければいけない箇所が異なります。

●Facebook広告の運用と修正の流れ

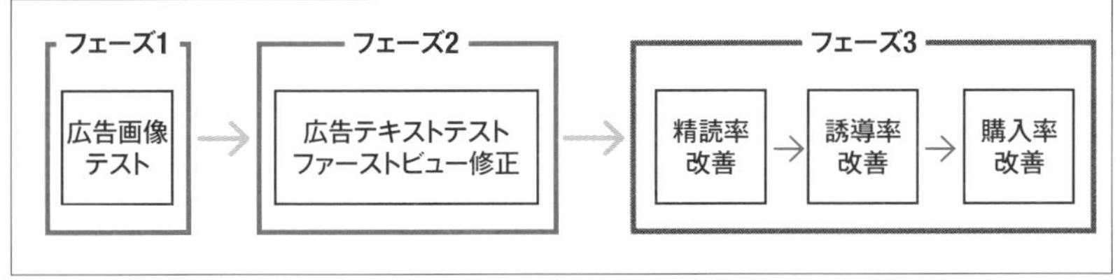

Facebook広告の運用はこのように大きく3つのフェーズに分かれていて、それぞれのフェーズの段階ごとに見ていく数値が異なります。

1つ目のフェーズで広告クリエイティブの反応を上げていくことを目的とし、2つ目のフェーズでユーザー心理の変化を作り、3つ目のフェーズでランディングページの反応を高めていきます。この順番はとても重要で、ユーザー行動が起こる地点から順番に修正を加えていくので、ユーザー行動に寄り添った間違いづらい改善をしていくことが可能になっていきます。

失敗しがちなのは広告クリエイティブをテストしながら、ランディングページから販売ページへの誘導率を上げようとしますが、この2つは全く別の要因から数値が作られているので賢い運用とは言えません。売上が出せない運用になってしまうとまでは言いませんが、ユーザー行動に近い方から順番に修正を加えていかないとテストや修正の期間が延々と続いていくので費用対効果は下がり続けます。時間やお金が潤沢にあるということであれば、そういった方法も否定しませんが、少額で始めて売上、利益を拡大したいという目的は達成不可能です。

→ フェーズ1で見るべき数値

それでは、フェーズごとに確認すべき数値を説明していきます。

広告クリエイティブテストは画像テストとテキストテストの段階に分かれていますが、画像テストの場合、「エンゲージメント率ランキング」という指標を確認し「平均以上」になるような画像を見つけていきます。

「エンゲージメント率ランキング」は広告マネージャの広告タブから確認できます。

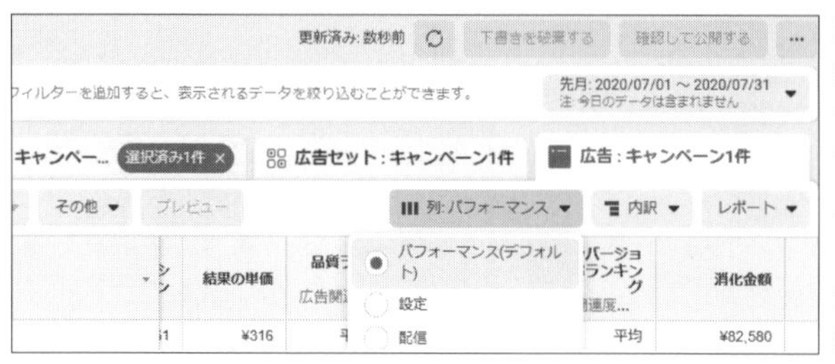

広告指標の数値などの表示を切り替えることのできる【列】の部分を「パフォーマンス」に切り替えると「エンゲージメント率ランキング」や「品質ランキング」などを確認できます

「エンゲージメント率ランキング」はユーザーが広告をクリックしたり、目を留めたり、いいね、シェアをすることで良い評価になっていきますが、この「エンゲージメント率ランキング」がの評価が良くなっていくとCPC（クリック単価）やCPM（インプレッション単価）も安くなっていきます。

画像テストでは「エンゲージメント率ランキング」が「平均以上」になる画像を見つけましょう

Facebook広告の仕様上「インプレッション」が500回以上になると「エンゲージメント率ランキング」が表示されるので、1つの広告セットに2～4つほど広告を入稿し、その中で「インプレッション」が伸びたものの「エンゲージメント率ランキング」を確認します。

広告セット：キャンペーン1件　広告：キャンペーン1件

列: パフォーマンス　内訳　レポート

	結果	リーチ	インプレッション	結果の単価	品質 広告関
	261	342,337	578,161	¥316	

「インプレッション」も【列】の部分を「パフォーマンス」に切り替えると「エンゲージメント率ランキング」と同時に確認できる

Facebook広告ではそもそも反応が悪いものは「インプレッション」自体全く伸びないので、2～4つの広告を入稿した場合に「インプレッション」が伸びた広告だけ「エンゲージメント率ランキング」を確認すればその画像の良し悪しが確認できます。

画像テストの反応を上げるには、ログラインで設定したターゲットに商品の必要性や、悩みに気が付かせる画像かつ、ターゲットに近い話題や見せ方にしていくということが「エンゲージメント率ランキング」で平均以上の画像を見つけるコツです。例えば、若年層であればInstagramで流行っている投稿を真似てみる、年配向けであれば孫世代の子供が吹き出しで何かを訴えているなど、せっかくログラインで設定したターゲットを無駄にせずにユーザーが目に留める画像を選ぶという感覚を身につけることはとても大切です。

画像テストだけでも100種類以上、時には300種類以上行い、「エンゲージメント率ランキング」で平均以上の画像を見つけるという運用者もいるので、偏った画像だけではなく、様々な切り口や見せ方ができるように設定したターゲットについてのリサーチを続けることが大切です。

このフェーズをクリアすることで、ユーザーが目を留める画像や話題の傾向が見えてきます。

→ CTR(クリック率)は見ないのか？

リスティング広告などの運用をしたことがある人は広告のCTRを指標にしてきたという人も多いと思います。Facebook広告でも以前はCTRを指標にするという時期もあったのですが、Instagramやオーディエンスネットワークなど様々な配信面に広告が表示されるようになったことで、それぞれの配信面で広告の表示形式も異なるので、CTRを指標にする意味がなくなったという経緯があります。

広告セット：キャンペーン1件　広告：キャンペーン1件

列：パフォーマンスとクリック数 ▼　内訳 ▼　レポ

(インプレッション単価)	リンクのクリック	CPC(リンククリックの単価)	CTR(リンククリックスルー	クリック(すべて)
¥143	3,853	¥21	0.67%	3,966

【列】の部分を「パフォーマンスとクリック数」に切り替えると「CPC」や「CTR」の確認ができます

また以前は「関連度スコア」という指標も広告の良し悪しを見極める要素になっていましたが、Facebook広告の仕様変更でこの指標も撤廃され、現在は「品質ランキング」「エンゲージメント率ランキング」「コンバージョン率ランキング」というものが指標になっています。「関連度スコア」と名前が似ているということで「品質ランキング」を指標にするという企業も多いですが、実はこの「品質ランキング」はざっくりいうと広告セットで設定したターゲットに合った広告を出稿しているか？　という指標なので、ターゲットを絞らずAIに最適化を任せる本書の手法の場合、「平均以下」という評価につながってしまい、指標になりえません。

ただ、僕の周りの運用者で「関連度スコア」が撤廃され、「品質ランキング」「エンゲージメント率ランキング」「コンバージョン率ランキング」が導入された際に、「関連度スコア」とほぼ同じ結果になっていたのが、「エンゲージメント率ランキング」ということがわかりました。

「エンゲージメント率ランキング」を元に広告クリエイティブテストを進めた結果、多くのクライアントさんで費用対効果が高い状態で運用を続けることができました。新規の広告も「エンゲージメント率ランキング」を指標に運用を進めていますが、広告費の高騰につながることはなかったので、2020年5月現在は「エンゲージメント率ランキング」を広告クリエイティブテストの重要な要素として捉えていただいて間違いないです。

→ フェーズ2で見るべき数値

画像テストが終わったら、広告クリエイティブのテキストとライディングページを開いたときに表示されるファーストビューのテストをしていきます。ファーストビューは見開きタイトル、画像、ランディングページの導入の文章がセットになることが多いですが、このフェーズをクリアする基準としてはミエルカヒートマップを見たときに「スクロールヒートマップ」が大切になります。

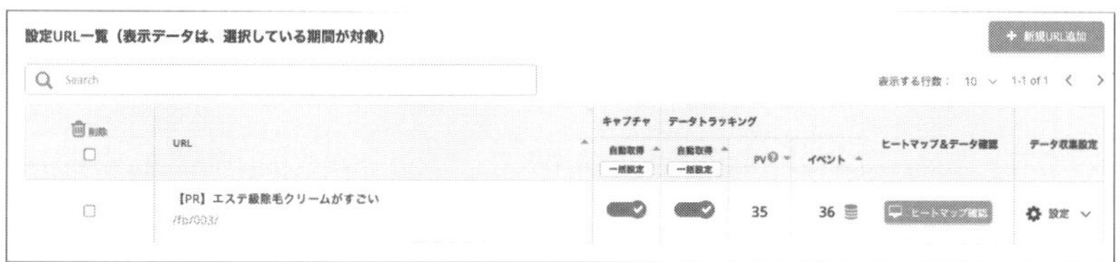

ミエルカヒートマップにサイト登録後に設定したURL別に【ヒートマップ確認】から各種ヒートマップが確認できます

ヒートマップの画面を開くと【SEO流入&CVを増やす】という部分にチェックが入っていますが、この項目はSEO対策しているサイト向けのものなので、Facebook広告を使った集客をする記事LPの検証の際はチェックは外しておきます。

【SEO流入&CVを増やす】は広告運用では使わない項目なのでチェックを外しておきましょう

次に右サイドバーにある【ヒートマップ】の項目を確認します。この部分でどのタイプのヒートマップを表示させるかを選べるのですが、フェーズ2で見るべき「スクロールヒートマップ」なのでチェックを入れます。

ヒートマップツールもすべての項目をチェックする必要はありません。見るべき項目を見て修正するのが広告運用では大切な点です

1つ下の項目ではデバイス別のヒートマップの切り替えもできますので、配信数が多いデバイス（パソコンかスマホ）どちらかに合わせた修正を行いましょう。基本的には少額配信であればスマホのみに配信を絞ることを本書では推奨していますので、スマホ配信を確認できる【モバイル】にチェックが入った初期状態で解説を進めます。

この「スクロールヒートマップ」は最初は100%からスタートするので、徐々に数値が減っていくというのは自然なんですが、広告を見て、ランディングページを見た第一印象が、ユーザーの感覚と大きくズレてしまうと、ファーストビューを見た瞬間にページを閉じてしまうので、それ以降のページが読まれることはありません。

そのため「スクロールヒートマップ」100%の次の数値が70%以上になるように広告のテキストとファーストビューの内容を修正していきます。この「スクロールヒートマップ」の数値が70%以上というのはあくまで目安ですが、短いスクロールの間で100%→88%→74%→74%→73%のように数値が安定すれば7割以上読んでくれていると判断できますが、100%→88%→60%→33%→31%のように安定した箇所が7割以下の場合はまだまだ改善が必要です。

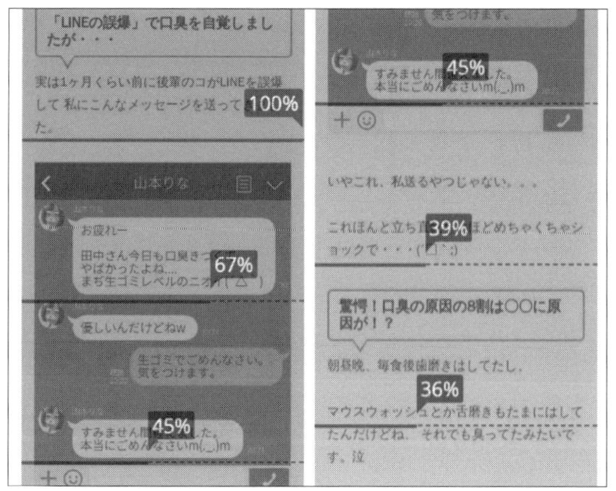

この「スクロールヒートマップ」の場合は39%付近で数値が落ち着いているので、ファーストビューで6割以上が離脱したと判断できる

ログラインのターゲット設定や画像テストがしっかり出来ていて、新・PASONAの法則に沿ったランディングページになっていると画像テストが終わった時点でこのフェーズ2も自然とクリアできている場合も多いのです。しかし、画像テストを繰り返す中で想定していた画像の雰囲気と、ファーストビューの雰囲気が違う場合はファーストビューで表示される画像の雰囲気をクリエイティブと合わせるということも大切です。

またファーストビューの画像が変わったのであれば、見開きタイトル、ランディングページの導入の文章も多少変わるでしょうし、それに合わせて、それ以下の文章構成も多少変える必要があります。大切なのはこのフェーズをクリアすることではなく、広告を見てランディングページに来たユーザーに違和感を与えないことです。1つ1つの修正をしながら全体にズレが生じていないかを客観的に管理していきましょう。

このフェーズをクリアすることでユーザー心理を掴むきっかけとなる言葉や画像の傾向がつかめてきます。

フェーズ3で見るべき数値

フェーズ3ではランディングページの精読率と、販売ページへの誘導率を高めていきます。基準としてはミエルカヒートマップの「スクロールヒートマップ」でランディングページ最後まで読む人を4割以上にし、販売ページへの誘導率を8%以上にしていきましょう。

精読率に関してはユーザーがどこに目を留めたかが可視化できる「アテンション／リードヒートマップ」と精読率が可視化できる「スクロールヒートマップ」を組み合わせて、離脱が多い箇所を中心に、コンテンツの修正、削除などを行っていきます。

スマホからの閲覧の場合、文章ばかりが続くと離脱が増えてしまったり、画像の画質が高すぎて読み込みが重い場合も離脱される要因になります。スマホユーザーは常にギガ不足と考え、3G回線でも読み込みに時間がかからない画像でページを構成するようにするとストレスが軽減されます。

また女性は直感的にページを閲覧することが多く、男性が好むような成分がびっしり書かれているページや、細かい根拠を延々と書いてあるようなページが嫌われる傾向にあります。見出しだけ読んでも意味が伝わるコンテンツや、文章ではなく画像内にテキストを入れた物を増やすなどし、離脱させずにランディングページに興味を持ってもらい、飽きさせないページを作りこむようにすると離脱率は下がっていきます。

【列】の部分を「パフォーマンスとクリック数」に切り替えると「結果」や「リンクのクリック」を同時確認することができます

このときの販売ページへの誘導率ですが、広告マネージャ上の「リンクのクリック」が記事LPへのアクセス数、カスタムコンバージョンとして設定した「結果」が販売ページへの到達数ということになるので、「結果」を「リンクのクリック」で割った割合が販売ページへの誘導率ということになります。

この販売ページへの誘導率は広告マネージャ上でははっきり把握できないので、後述するGoogleスプレッドシートなどで広告の数値を管理して、日々記録していくことをおすすめします。

販売ページへの誘導率に関してですが、精読率が4割を超えているのに8%未満という場合は限定感や緊急性の訴求がうまくできていない可能性が高いです。この商品が自分には必要なことはわかるけど今じゃなくても困らないし、と思われないような工夫が必要です。

Facebookユーザーは今悩んでいるわけではない、気がついていなかった問題点を広告とランディングページで気づいた状態ですが、今まで放置しても問題なかった状態から商品を申し込むという行動をさせるには、自分の状況に危機感を持ってもらう必要があります。それを行うのが新PASONAの法則の『Narrow down　限定性や緊急性で絞り込む』という部分になります。この部分も販売ページの文言をそのまま使うのではなく、ターゲットにわかりやすい言葉や例えを用いて説明することで、販売ページへの誘導率は高くなります。

このように3つのフェーズ、それぞれで見るべき数値も違いますし、その数値によって改善するべき箇所や修正に対して気をつけることも大きく異なります。すべての数値を同時に修正しようとするのは非効率的ですので、フェーズの順番を前後させないように日々数値をと向き合っていきましょう。

→ 販売ページに誘導しても売れない場合

ここまで広告からランディングページを経由し販売ページの誘導までの数値について説明してきましたが、販売ページに到達してからの成約率が悪い場合の対処法についてお話します。

販売ページに誘導して売れない場合に多くの要因がランディングページと販売ページの内容のズレにあります。ランディングページの修正を繰り返すうちに販売ページの商品内容と訴求がズレてしまう、商品の価格が変わってしまっているなどをまずは確認しましょう。初歩的なミスと思いがちですが、アフィリエイトのように販売者都合で価格や販売条件が毎月のように変更されるケースもあるので、定期的に販売ページとの整合性を確認するのはとても大切な作業です。

次に販売ページの内容を変更できる場合は、広告とランディングページの内容、特にターゲットと広告テキスト、ランディングページのファーストトビューの訴求と販売ページの訴求にズレがないように調整していきましょう。Facebook広告と検索エンジンからの集客をするページが同じ場合は販売ページ、購入完了ページも別ページ（別のURL）を用意することで様々なメリットが生まれます。広告から販売ページまでの訴求が一貫することで、ユーザーが違和感を持たずに商品の申込みまで到達できるようになります。

また、Facebook広告と検索エンジン経由の販売ページ、購入完了ページを別ページにすると、検索エンジンからのユーザーが購入完了ページに到達し、オーディエンスとしてカウントされたり、広告を見た後に検索をかけて購入するようなケースがなくなり、Facebook広告のAIのターゲットの最適化の精度がより高くなっていきます。必ず対応するべき項目ではないですが、Facebook広告からの費用対効果を最大にするのであれば取り入れたい施策の一つです。

アフィリエイトであれば販売ページに誘導しても売れない、または成約率が悪い場合は類似商品に変えると一気に売上が上がる場合もあります。もちろんその場合は、類似商品に合わせたランディングページに修正が必要ですが、クリエイティブテストやファーストビューテストまで行う必要がない場合も多いです。

広告を使ったアフィリエイトの利点は、アフィリエイトしていた商品が販売終了になっても、類似商品がある限りクリエイティブとランディングページのちょっとした調整で売上がキープできることにもあります。この考え方を応用すると成約率が悪い場合は扱う商品自体を変えるという方法で売上や利益を一気に増やすことも可能です。

→ 世代別、性別、デバイス別の広告表示数の確認方法

Facebook広告はAIによる最適化がかかりますが、最初に設定した広告画像によっては極端に男性に配信がよってしまったり、若い世代に配信が寄ってしまうということがあります。例えば女性向けの脱毛クリームを紹介するにあたり、肌の露出が多い女性の画像を使うと男性ユーザーによく見られたり、広告をクリックされるという傾向が瞬発的に高まり、AIは「この広告は男性に好まれる」と判断して、そのあと男性ばかりに配信が偏

る、ということになってしまいます。

こうなってしまった場合は、広告セットを編集し、ターゲットから男性を外すなどしてAIの最適化のリセットを行い、改めて最適化を始めるということも必要ですが、そうしたかけ離れた配信になっているかどうかを確認する方法も知っておくべきです。

広告マネージャでは配信された広告が世代別、性別、デバイス別で確認できる方法もあるので、覚えておきましょう。

広告の数値が表示されいる上部のメニューに「内訳」という項目があり、その部分をクリックすると「時間」「配信」「アクション」という項目別に細かい配信結果に絞った数値の分析をすることが可能です。この中の「配信」を選択すると「年齢」「配置」「時間」などの項目に絞った広告の配信結果を見ることができます。

キャンペーン、広告セット、広告のどのタブでも見ることはできます

「内訳」→「配信」→「年齢」であれば年齢別の配信結果を見ることが可能です。「内訳」→「配信」→「年齢と性別」であれば性別を含めた配信結果を確認することができるため意図していない世代に配信が偏っていないかの確認もできます。

＋ 作成　複製　編集　その他　列: パフォーマンス

広告セット名	リーチ	インプレッション	結果の単価	消化金額
モバイルのみ	22,332	31,612	¥3 ページのい...	¥5,399
18–24	11,836	17,288	¥3	¥3,049
25–34	7,664	10,692	¥3	¥1,738
35–44	1,340	1,627	¥4	¥314
45–54	424	581	¥3	¥92
55–64	260	276	¥3	¥52
65+	808	1,148	¥2	¥154
広告セット1件の成果	22,332 人数	31,612 合計	¥3 ページのい...	¥5,399 合計消化金額

ターゲットによって配信に偏りがあればそのターゲットに合わせた画像やテキストの広告を準備していく

「内訳」→「配信」→「配置」ではFacebookモバイル、Instagram（タイムライン、ストーリーズ）など配信プラットフォーム別の配信結果を見ることが可能です。特定のプラットフォームへ配信が寄っていれば広告クリエイティブをその媒体に合わせるということも必要になります。「内訳」→「配信」→「配置とデバイス」ではiPhone、Androidまで確認することもできますが、配信デバイスによって大きく行動が変わるという特殊な商品以外はあまり参考にならない指標かもしれません。

新型コロナウイルス感染症...　キャンペー... 選択済み1件　広告セット 選択済み1件　広告：広告セ

＋ 作成　複製　編集　その他　列: パフォーマンス　内訳: 配置

広告セット名	リーチ	インプレッション	結果の単価
モバイルのみ	22,332	31,612	¥3 ページのい...
Facebook　フィード: ニュースフ...　モバイルアプリ	21,476	30,411	¥3
Facebook　フィード: ニュースフ...　モバイルサイト	684	1,201	¥5
広告セット1件の成果	22,332 人数	31,612 合計	¥3 ページのい...

配信場所によって配信結果が偏る場合もその媒体で好まれる広告の形式に力を入れてみましょう

「内訳」→「配信」→「時間（広告アカウントの時間帯）」では配信されている国の時間帯別での配信結果を見ることができます。Facebook広告は、キャンペーンの予算が確定していないと、時間帯別の広告を出稿することができないので、時間帯別の数値もあくまで参考値にしかなりませんが、広告クリエイティブの差し替えはインプレッションの少ない時間に行うようにすると広告の良し悪しの判断が付きやすいです。

新型コロナウイルス感染症... | キャンペー... 選択済み1件 × | 広告セット 選択済み1件 ×

+ 作成 | 複製 | 編集 | その他 | 列: パフォーマンス | 内訳: 時間(広告アカウン

広告セット名	リーチ	インプレッション	結果の単価	消化金額
モバイルのみ	22,332	31,612	¥3 ページのい...	¥5,399
0:00 – 1:00	—	1,894	¥2	¥313
1:00 – 2:00	—	1,110	¥2	¥213
2:00 – 3:00	—	1,220	¥2	¥201
3:00 – 4:00	—	740	¥2	¥147
4:00 – 5:00	—	459	¥2	¥71
5:00 – 6:00	—	422	¥3	¥76
6:00 – 7:00	—	374	¥3	¥59
7:00 – 8:00	—	528	¥4	¥101

時間帯別の配信結果も確認することができます。遅い時間にインプレッションが減っている場合は予算が少なすぎる可能性が高いです

「内訳」からは様々な配信結果を見ることができますが、すべてを把握する必要はありませんし、Facebook広告は細かく分析し、広告セットの設定をいじるよりもAIに配信を任せるほうが利益が出しやすい傾向にあります。

あまりにも広告の反応が悪くなった場合や、思ったような成果が出ないときのみ配信の偏りや、配信がターゲットと大きく異なった場所に配信されていないかを確認するために使用するようにしましょう。

基本的にはFacebook広告は細かい設定をせずにAIに配信ユーザーの最適化をまかせるのがベストです。配信ユーザーが偏っている場合は自分の広告クリエイティブがユーザーの嗜好や興味から大きく外れている可能性が高いので、あまりにも思惑と違う場合はリサーチからやり直し、クリエイティブ画像の見直しを行いましょう。

反応の良い広告の画像の選び方、テキストの作り方

綺麗な画像よりも目に留まる画像を意識する

フェーズ1の広告クリエイティブの画像テストでなかなか反応が良い画像が見つからないという場合は、画像選びの考え方を見直してみましょう。これはランディングページ内の画像にも言えることですが、潜在層の目に留まり、興味を持って行動を変化させるには、写真家が撮ったような綺麗な画像よりもターゲットユーザーが普段から目にしていたり、自分でも撮影しているような画像のほうが良い場合が多いです。

広告クリエイティブの画像テストで苦戦する人の多くが、綺麗な画像にこだわりすぎて写真の枚数が用意できないと悩まれるのですが、最近ではスマホで写真を撮るのは簡単にできますし、綺麗な画像が反応が良い画像というわけではありません。

綺麗なモデルさんの写真よりも、普通の人が鏡を見て半目の状態で肌の状態に絶望しているとか、食べ終わった後のハンバーガーの包み紙が3枚もトレーの上に乗っているなど、目にしたときにハッとするような画像のほうが反応が良いです。広告クリエイティブの役割は、目を留めてもらうことの他にも、共感を生み出したり、潜在的な悩みに目を向けてもらうことなので、あえて普段目を逸らしていることを切り取った画像は反応が上がることが多いです。

意識するべきはここでもターゲット像です。その商品を手に取るであろうユーザーはどういう体制でFacebookやInstagramを見ていて、どんなコンテンツを好んでいるのか？　また、好んでいるコンテンツの中にどういう画像を表示させれば、一瞬でもあなたの出稿した広告に目を留めるかを想像してみましょう。

もちろん、最初から詳細を想像できる人はいないと思いますので、ターゲットの好むコンテンツや目の止まる画像のヒントが拾えるいくつかの方法をお伝えしていきます。

→ 反応の良い画像の傾向を見つける

これからFacebook広告で出稿するInstagramにも、ユーザーが好む画像のヒントはたくさん落ちています。Instagramを開き、下のタブの中の虫眼鏡マークを開くと検索窓が開きます。これはInstagramに投稿されたものの中から検索したキーワードを含むユーザーや検索したキーワードと同じハッシュタグをつけた投稿を検索できる機能ですが、「#」がついたハッシュタグの検索結果を参考にしてみましょう。

Instagramで「足痩せ」を検索した例。ハッシュタグの検索は複数同時に行えないので1つのキーワードずつリサーチしましょう

ハッシュタグの検索結果は最新の投稿と「トップ」というタブの2種類に分かれていて、「トップ」タブではそのハッシュタグの中でもいいね！が多く人気の高い投稿が並んでいます。この検索結果すべての投稿が参考になるわけではありませんが、反応の良い投稿の画像の傾向や、反応の良い投稿へのコメントの内容を見ることでその投稿への反応がリアルに分かるため、ネガティブな評価なのか、ポジティブな評価なのかの指標が可視化した状態で確認することができます。

特定のインフルエンサーが投稿し続けていて反応が良いだけの場合は参考にならないので、1つの画像や1人の人の投稿ばかりではなく投稿の傾向をリサーチしていきましょう。広告運用は短期間で終わるものではないので、自分で出稿する広告画像のアイディアとしてもハッシュタグ検索は使えますし、こうしたユーザー反応がリアルに分かる場所は1つのキーワードだけではなく、複数のキーワードをリサーチしてみると様々なユーザーの悩みがわかるのでランディングページ作成のヒントにもなります。

雑誌はマーケティング結果がまとまった宝の山

ユーザーの反応が良い画像の傾向を追うには雑誌も活用しましょう。雑誌はそれぞれのターゲットに合わせてプロの編集者がリサーチを重ねて紙面を作り上げているので、自分とは違うターゲットユーザーに対して広告を出稿する場合は、そのターゲットユーザーに合った画像を最低でも3紙以上目を通して、ユーザーが好む色合いや文章構成を把握しておくべきです。複数の雑誌を購入する場合は、Dマガジンという定額で複数の雑誌をタブレットやスマホで読む事ができるサービスを活用しましょう。

Dマガジン
https://magazine.dmkt-sp.jp/

女性誌や情報誌、旅行雑誌など様々なジャンルの雑誌、ムック本を月額400円（税別）で読むことができるサービス

月額400円なので雑誌を月2冊以上目を通せば、十分に元は取れますし、わざわざお店に行く必要もありません。また男性が女性誌を大量に買うのは抵抗があると思いますが、Dマガジンであれば発売日に自動配信されるので、照れることなく女性誌のリサーチも可能です。

類似サービスも他社から出てきていますが、雑誌の掲載数と月額料金を加味して比べると、Dマガジンはマーケティングのためにも契約しておいたほうが良いサービスと言えます。

さらにDマガジンが便利な点として、もう一点挙げるとDマガジンのアプリ内でキーワードを入力することで記事や雑誌検索も可能という点です。

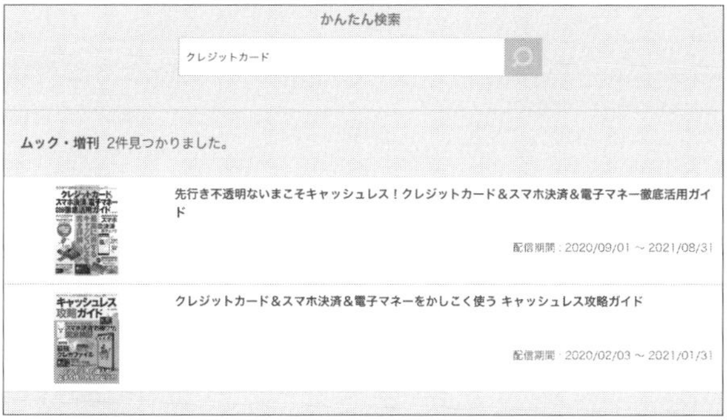

かんたん検索

クレジットカード

ムック・増刊 2件見つかりました。

先行き不透明ないまこそキャッシュレス！クレジットカード＆スマホ決済＆電子マネー徹底活用ガイド

配信期間：2020/09/01 ～ 2021/08/31

クレジットカード＆スマホ決済＆電子マネーをかしこく使う キャッシュレス攻略ガイド

配信期間：2020/02/03 ～ 2021/01/31

キーワードで検索すると該当の記事を扱う雑誌やムック本が表示される

美容商品などは成分の解説を探したり、商品が雑誌で紹介されていないかをチェックするとなると膨大な時間がかかってしまいます。雑誌は冊数よりも内容をどれだけ把握できるかが重要なので、ムダな時間を使わずにアプリ内で検索すれば、まとまった情報が手に入るので、ランディングページ作成前のリサーチとして活用することができます。

雑誌に関しては画像やターゲットユーザーの好みを掴むのも大切ですし、文章は年齢や性別の癖が出やすいので、男性が女性向けの広告を出稿する場合など異性に向けてランディングページ作成、広告の作成を行う際は必ず雑誌で使われている文章が自分の各文章と大きく異なっていないかを確認するようにしましょう。

せっかくリサーチができていて、ユーザーが好む画像でランディングページに集客できてもユーザーに対して違和感のある文章だと、離脱が多くなってしまうので自分の文章の癖は意識して直していきましょう。

→ 画像はどのように準備するべきか？

ユーザーが好む画像の傾向がわかってもそれを準備できなければ意味がありません。自分でもスマホで撮影できるものであれば、自分だけで撮影したり、ターゲットと自分の性別、年齢が異なるのであれば家族や知り合いの協力を得て撮影ということになります。しかし、全て自分だけで準備するのはなかなか難しいです。

アフィリエイトであればASP経由で広告主が用意してくれた素材をもらうことができますが、Facebookの仕様として、過去にネガティブな評価を受けた画像は他のユーザーが使用してもネガティブな評価はそのまま引き継ぐようになっています。そのためASPからの提供素材や無料の素材集の画像はランディングページ作成に利用し、広告の画像はオリジナルのものを用意するようにしましょう。

自分で撮影するのが難しいという場合は、個人でも利用できる外注サイトを使い画像の準備を手伝ってもらえる人を見つけていきましょう。最近ではテレワークを始める人も増えているため、プロの方が合間の時間で作業をしているためクオリティの高いサービスが提供されていたり、主婦や学生さんの登録も増えているので、スマホで写真を撮るだけの仕事であれば1枚100円でも仕事を受けてくれる人も少なくありません。

クラウドワークス
https://crowdworks.jp/

1つの仕事を数百円から依頼できる仲介サービス。プロの方から学生さんまで幅広く登録しているので年代に合わせた画像を依頼するのに適しているサービスです。登録は無料です

クラウドワークスで仕事を依頼するには、登録後に【新しい仕事を依頼】から仕事を作成し、クラウドワークスに登録しているワーカーさん（仕事をしてくれる人たち）から連絡が来るのを待ちます。

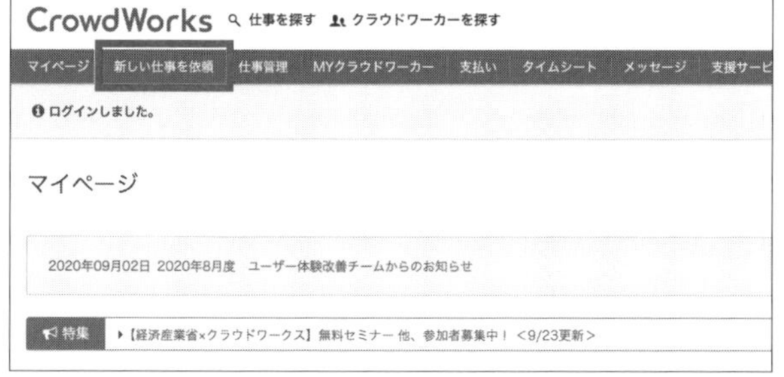

登録後に本人確認書類を提出すると仕事に依頼が可能になります。【新しい仕事を依頼】のタブから仕事を作成して募集していく

次の画面では依頼したい仕事のカテゴリを選択します。

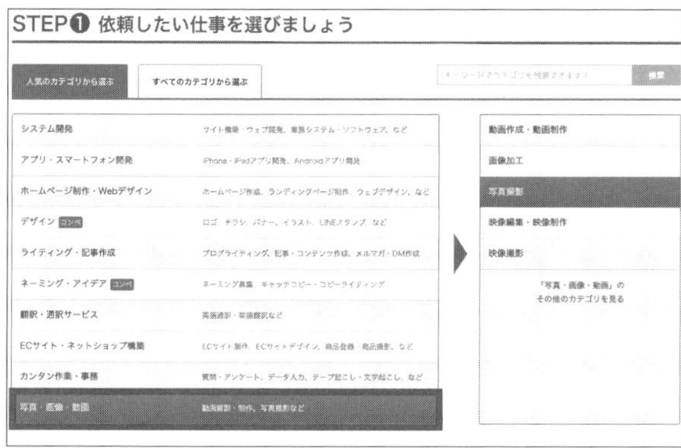

写真撮影の依頼であれば、「写真・画像・動画」を選択して、「写真撮影」を選択します

次に仕事の詳細を「依頼タイトル」と「依頼詳細」にわけて記入します。「依頼タイトル」はわかりやすいタイトルをつければよいのですが、この「依頼タイトル」が他の仕事と同じ場所で表示されて、ワーカーさんが仕事の詳細を見るかどうかの重要な部分になります。そのため広告のタイトル同様に数字や目を引く表現をしっかりと使い、他の仕事と差別化できるような「依頼タイトル」を作成しましょう。

「依頼タイトル」と「依頼詳細」で仕事の内容を細かく設定する。画像一枚の価格や募集する人物像、仕事でやってほしいこと、やってほしくないことなどを書いておきましょう。安価な仕事の場合、あまりに説明を難しくするとワーカーが集まらないこともあります

「依頼詳細」に関しては今回募集したい画像の内容と金額、写真の必要枚数を書くようにしましょう。ワーカーさんにとっては何よりも金額が重要なのでその点はなるべく前半に明確に書いてあげると応募につながりやすくなります。募集内容に関しては年齢や性別にある程度縛りを設けておきましょう。Facebook広告でターゲットとしている年齢以外の写真は募集してもムダですし、断る労力ももったいないです。もちろん、募集内容と違う写真が送られてきた場合は、承認せずに報酬を払う必要はないのですが、「依頼詳細」でルールを設けていないとトラブルの原因になるので注意しましょう。

支払報酬期は決まった金額を支払う「固定報酬制」がおすすめです。募集人数と今回の募集で使う予算を決めておきます

次の画面で予算と支払い方法を決定できますが、マイルストーン払いという聞き慣れない単語が出てきますが、最初はこの部分は使う必要はないので、チェックを外して進んでください。

STEP⑤期限を決めましょう

応募期限 必須　14日後 - 2020年10月10日(土) 24:00

急募オプション　+4,000円（税込 4,400円）

急募枠をつけて表示します！

（注目オプションと併用できます。合わせて使うと効果増大！）

納品希望日 任意　年　月　日　カレンダーから入力

STEP⑥どのくらい依頼を目立たせますか？

スカウト（非公開） 任意　メッセージを送ってスカウトしたクラウドワーカーのみが閲覧できるよう、仕事を非公開にして登録する

オプション 任意　募集がより目立つように、より多く掲載されるようにする

募集期限はお好みで設定することが可能です。あまりに短い期限だと応募が減りますし、長いとご自身のスケジュールと合わなくなるので10日から14日位で設定しましょう

募集期限を決めた後、「どのくらい依頼を目立たせますか？」という募集が目につきやすくするオプションの提示がありますが、ここは特に必要ありません。外注サイトはワーカーさんが色々な人がいるので、このオプションを使うよりも狙っているワーカーさんのライフスタイルに合わせて募集タイミングを変えるなどし、複数回募集をかけることで良いワーカーさんと巡り会える可能性が高まります。一度の募集で集まらなくても、「依頼タイトル」と「依頼詳細」などを調整しながら募集を繰り返してみましょう。

●クラウドワークス はじめての方へ

https://crowdworks.jp/pages/guides/new_user
継続して募集を依頼したり、マイルストーン払いを使いたいなど詳しい説明はクラウドワークスのヘルプページが親切に作られているのでご確認ください

募集方法でわからない部分や更に細かい利用方法は「クラウドワークス はじめての方へ」を確認すると細かい利用方法が図解で掲載されています。このようなフリーランスの人に色々な仕事を単発でもお願いできるサービスを利用し、クリエイティブの画像や動画、悩みに関するアンケートを使ってのリサーチなどを行うことができます。

動画もInstagramに投稿されているようなクオリティのものを200円くらいから依頼することも可能ですし、ランディングページを漫画化してもらうようなことでも2万円ほどから依頼を受けている方もいらっしゃいます。

僕もこうした外注サイトを使いクリエイティブを作成していますが、自分だけでは撮影できない構図の写真や、膨大な時間がかかる動画作成、イラスト作成なども依頼できるので、クリエイティブの幅が広がりかなり重宝しています。ココナラというサービスを使えば、イラストをメインにしたランディングページの作成や、漫画にアテレコをした漫画動画の作成も依頼することができるので、Facebook広告で利益が出てきたら作業を外注化してクオリティの高めるために利用する価値はあります。

ココナラ
https://coconala.com/

ココナラはクリエイターさんが多く在籍しているサービス。写真の加工の依頼、イラストの発注などがしやすい。クラウドワークスとは違い、クリエイターさんが仕事内容をある程度決めて価格設定をしていることが多い

→ 画像内にテキストを入れるのも効果的

画像を複数用意するのは大変という場合は、画像に吹き出しを加え画像内テキストを使うと、1つの画像で複数の見せ方が可能になります。2020年9月までは画像内にテキストが専有する比率が20％を超える場合、広告のインプレッションが伸びなくなるというFacebook広告のルールが設けられていましたが、現在はそのルールはなくなっています。

左上の通常の画像、右上は吹き出しあり、左下はモノクロ、右下は左右を反転させたもの。こうした変化だけでユーザーの反応は変わる

このように画像内テキストや左右反転、白黒に変える、背景のみ色を変えるということでも「エンゲージメント率ランキング」の評価が好転することがあります。いくつかの画像を試す中で背景が明るい色のものが良い、笑顔の男性が写っているものが良いなど、傾向がつかめてきた段階でこのような画像の微調整を行うと、反応の良い広告クリエイティブが見つかりやすくなります。

ただ、画像内テキストは「えっ？　ホントに？」のように注意を引く文言にする程度にとどめておくことをおすすめします。画像内テキストに意味をもたせすぎると、フェーズ２で画像内テキストと広告クリエイティブのテキスト、ランディングページの訴求を揃えるという面倒な工程が発生するので、運用になれるまでは画像内テキストはシンプルなものに限定しておきましょう。

→ 反応の良い広告テキストのアイディア

フェーズ2で調整していく広告クリエイティブのテキストを作るには、いくつかのポイントがあります。広告クリエイティブの画像と同様にユーザーに目を留めてもらう必要があるので、注目度を高める必要があります。また、ランディングページを読む態勢になってもらうために具体性を持たせる必要もあります。その2つの要素をクリアしやすいのが数字を使ったテキストです。

●反応の良い広告テキストの例

元々のテキスト
毛穴の悩みにはこのクリームを使うのがおすすめです

・数字を使い、具体性や注目度を上げる
➡毛穴の悩んで 14 種類もクリーム試したけどこれが最強でした

・疑問形にしたり、文字装飾を使う
➡【92.8%が満足】毛穴専用のあのクリーム使わなくて大丈夫？

・地域色を出したり、年代に合わせた言葉を使う
➡この毛穴専用クリーム使わなアカンやつや！
➡このクリーム使ったら毛穴増えるの不可避だわwww

数字を使うことで広告で訴求している内容が分かりやすくなり、その商品を使った後の世界が想像しやすくなります。またランディングページにも言えることですが、疑問形や文字装飾、世代や地域色を出した言葉なども用いると、より注目度が高くなります。

これを踏まえた上でスマートニュースなどのニュースアプリで表示されているニュースタイトルを参考にしていくと、ターゲットに合わせた様々なタイトル例を日々見つけることができます。

●スマートニュースで参考になるタブ

スマートニュースの中でも「まとめ」と「360.life」の記事タイトルの付け方はFacebook広告でも参考になる目を惹くタイトルが多いです

こうしたウェブメディアだけではなく、テレビCMや雑誌の見出し、電車の中吊り広告などを見ていると目を引く表現や言葉というのは身の回りに溢れています。思わず目に止まったものは日々メモをする習慣をつけておくと、広告運用には大きく役立ちます。

Facebook広告に限ったことではないですが、こうした反応の良いテキストを見つける、自分の中に蓄積し創り出すというのは一朝一夕では身につくことではありません。毎日情報に触れて視座を養うことで、よりターゲットの反応が高いテキストを作り、より売れるランディングページに仕上げていくことができます。フェーズ3が終了し、売上が発生し、ほったらかしでも利益が出るようになっても次の運用のために情報収集は欠かさないようにしていきましょう。

誰でもできる運用上達の秘訣

→ 数多くのチェックとしっかりとした数値の管理

Facebook広告に限らず、広告の運用を上達しようと思うと、「どのような修正をしたらどれくらい数値が改善した、悪化した」という行動を細かく記録したり、数値を管理したりすることが大切です。具体的にどのような管理方法が適しているか、紹介します。

広告運用を上達するためには、数値を継続してしっかり管理することが必要不可欠です。広告の効果は、さまざまな原因、要因が作用して決まります。具体的には、広告画像、広告テキストがどれくらいクリックされるか、広告がどこに配信されているか、どの年齢層に配信されているかなど、数多くのチェック項目があります。さらに広告がクリックされた後のランディングページの内容によっても、その後のコンバージョン率、商品の成約率は変わってきます。これら全て原因、要因があって、結果として数値に表れてくるのです。

広告の数値を管理するというと、その時点で広告の効果、結果のみを記録して満足している人がいます。それでは、どのような原因、要因によってその結果になったのかということが全く分かりません。重要なのは、「どのように修正すれば数値がどのように変化したか」という数値の流れと、「いつ誰が何のために作業したか」という作業メモを残しておくことです。しかし、これを継続できる人が意外といません。統計的に見ても、この全ての数値の記録を継続するかしないかが、広告運用がうまくいくかいかないかを左右するといっても過言ではないのです。

しっかりとデータを分析せず適当に広告運用をしても、うまくいくことはまずありません。一時的に良くなったように見えることもあるかもしれませんが、長期的に見ると効果が上がっていくということはないでしょう。

→ 広告管理のおすすめツール

広告に関する数値はどのように管理すればよいのでしょうか。広告管理におすすめのツールはGoogleのスプレッドシートです。Googleスプレッドシートとはオンラインで使用できるエクセルのようなものです。良い点は、複数名で同時に数字の入力、メモができる点です。さらに、データの閲覧、修正ができるだけでなく、誰が、いつ、どのような作業をしたかという履歴が残り、どこからでもアクセスできます。
毎日きちんと仕事をしているか、誰が広告効果に貢献しているかという担当者の作業チェック、評価、管理にも使えます。

広告に関する数値は、関わっている担当者全員がリアルタイムで確認できる状態にしておく必要があります。複数名で広告を管理している場合、誰かが修正を加えて数値が良くなっているときにそれが共有できていないと、誰かが効果につながる修正をしても、それを他の担当者が再び修正してしまう、元に戻してしまうと結果につながりません。このようにリアルタイムに数値が確認できなければ、せっかく数値を管理したとしても効果は半減してしまいます。広告に何か修正を加えるたびに必ず入力するようにすれば、広告運用の上達、広告効果につながります。

Facebook広告に限らず、広告は数値の管理が重要です。Googleスプレッドシートを活用して、事細かに情報を記録することを習慣にしましょう。そのひと手間が、広告運用の上達、さらには売上アップにつながるのです。まだ活用していない企業があれば、ぜひ今すぐ導入してください。

ファイル　編集　表示　挿入　表示形式　データ　ツール　アドオン　ヘルプ　最終編集: 数秒前

開始日	終了日	経過日数	合計CV数	1日平均CV数	平均CPA	合計消化金額
7/1/2020	8/1/2020	31	1444	46.58	¥219	¥235,073

【広告セット01】

	リーチ	インプ数	広告費	クリック数	CPC	CV数	CPA	クリック率	CV率
7/1	2,623	2,624	¥1,493	138	¥10.98	14	107	5.1829%	10.29%
7/2	3,301	3,306	¥1,500	145	¥10.34	7	214	4.3860%	4.83%
7/3	3,029	3,033	¥1,483	142	¥10.44	11	135	4.6818%	7.75%
7/4	2,880	2,898	¥1,505	144	¥10.45	10	151	4.9689%	6.94%
7/5	2,731	2,734	¥1,504	140	¥10.74	8	188	5.1207%	5.71%
7/6	2,870	2,872	¥1,502	125	¥12.02	11	137	4.3524%	8.80%
7/7	3,153	3161	¥1,502	105	¥14.30	4	376	3.3217%	3.81%
7/8	3334	3,340	¥1,503	139	¥10.81	6	251	4.1617%	4.32%
7/9	3,166	3,170	¥1,501	161	¥9.32	16	94	5.0789%	9.94%
7/10	7,539	7,539	¥2,200	236	¥9.32	17	129	3.1304%	7.20%
7/11	3,312	3,318	¥1,503	138	¥10.89	8	188	4.1591%	5.80%
7/12	2,733	2,734	¥1,503	142	¥10.58	8	188	5.1939%	5.63%
7/13	2,353	2,353	¥1,498	120	¥12.48	8	187	5.0999%	6.67%

広告は効果測定が取りやすい分、検証をしない人は成果につなげることはできません。細かいメモと数値管理が成功への近道です

Facebook広告の意外なポリシー違反について

Facebook広告の「広告ポリシー」は注意が必要

Facebook広告を出稿する際に気を付けたいのが、「広告ポリシー」です。Facebook広告では、NG表現が明確に定められています。そして、Facebook広告のNG表現の基準は他の広告と異なる部分があるため注意が必要です。特に注意すべき広告表現についてお伝えします。

Facebook広告の掲載基準は、「広告ポリシー」として明確に設定されています。一般的なWeb広告で禁止されているようなギャンブル関係、仮想通貨、危険薬物や銃器の販売は、もちろん広告ポリシーで禁止されていますが、一般的な広告における禁止事項以外にFacebook広告ポリシーには独自の基準があります。それをしっかりと把握していないと、気づかずにポリシー違反をしてしまうことになりかねないため注意が必要です。

ネガティブな表現の誇張は広告ポリシー違反

多くの人がつまずきやすいポリシー違反について紹介します。特に日本人が出稿する広告でFacebook広告のポリシー違反に当たるものとしては、「グロテスクな表現、ネガティブな表現を誇張して使っているもの」があります。具体的には、ビフォーアフターの写真を並べたようなものは、差別に当たるため禁止事項として明確に違反と定義されています。例えば、育毛剤の広告で薄毛の状態の写真と髪の毛が生えてきた写真を並べたもの、ダイエット系商品の広告で太っている人と痩せている人を並べるというのがこの禁止事項に該当します。

ダイエット系商品の表現には特に注意が必要です。Facebook広告でダイエット系商品が禁止されているわけではありませんが、Facebook広告ポリシー違反になるケースが多く見られる商品です。

Facebook広告独自の少し変わったルールとして、未成年者へのダイエット系の商品が禁止されています。ダイエット商品以外にも、未成年者向けの商品には、はっきりと禁止事項が定義されています。

差別に関しては、日本人にはあまりなじみがないかもしれません。しかし日本の広告ではFacebook広告ポリシー違反にあたる差別表現が広く使われていることを知っておく必要があります。例えば、同窓会に行って、痩せている同級生に対して太っている自分が劣等感を抱えるといった表現は、Facebook上では明確な差別に当たりポリシー違反になります。

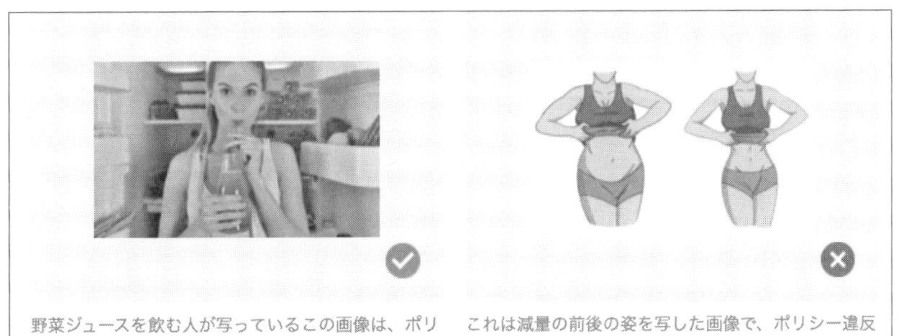

このように野菜ジュースを飲んでいる女性の写真はOKですが、女性の顔のみだとズームアップとしてポリシー違反になる可能性が高い。広告画像は商品と一緒に人物や悩みが映っていると審査に通りやすい

→ NG表現は画像だけではなくテキストにも

差別に当たる表現は、画像での訴求はもちろん、テキストでの訴求も禁止されています。特にダイエット系商品にはNG表現が多いです。しかし、「太っているのが劣っている」という表現ではなく、「健康的になるために運動しましょう。食事に気をつけましょう」という表現であれば問題ありません。

Facebookの広告ポリシー違反に当たるものにはダイエットに関するもの以外に、多くの「差別的な表現」があります。例えば、収入格差、住宅系の表現です。収入格差に関しては、男女の収入格差、高卒、大卒の収入格差、職業における収入格差をあまりにも強く表現すると差別に当たるとしてポリシー違反になります。住宅系の表現に関しては、「マンションより一軒家の方が価値がある、古い家より新しい家の方が価値がある」という表現も、「差別的な表現」になる可能性があるので気を付けましょう。

Facebook広告のポリシー違反になるとどのようなデメリットがあるのでしょうか。最も軽い場合は、単純に広告が審査に落ちて掲載ができません。場合によっては、広告アカウントの停止や削除になることもあります。Facebookの内部的な要素なので明確な基準は不明ですが、一度に10個や20個広告を出稿して全てがポリシー違反でNGになってしまった場合や何度もポリシー違反を繰り返した場合、広告アカウントの停止や削除になることもあるようです。

更に厳しいものだと、広告アカウント、Facebookアプリを一元管理しているビジネスマネージャー自体が使えなくなる、個人アカウントの広告を設定、運用する権限自体が停止されることもあります。最悪の場合は、個人アカウント自体が停止、削除されてしまうこともあります。そのため、Facebook広告を出稿する際は、広告ポリシーギリギリを攻めるのではなく、まずは柔らかい表現で自社の商品を説明するような広告を中心に考えていく必要があります。広告ポリシーを守りながら、しっかりユーザーに訴求できる内容を考えていくことが大切です。

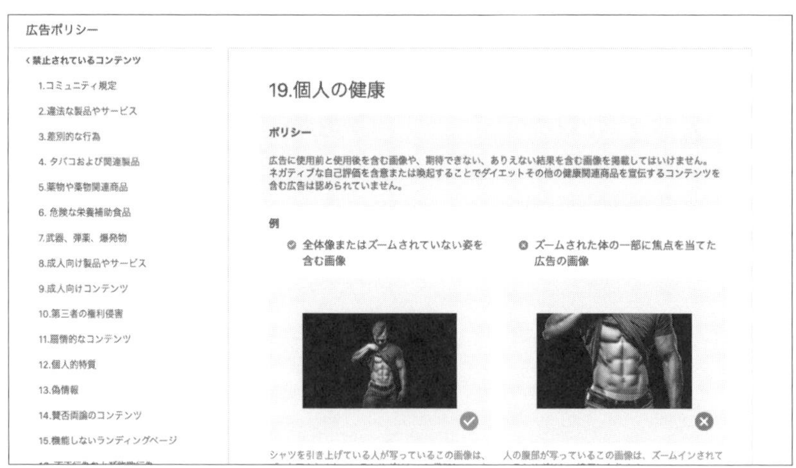

広告ポリシー（個人の健康）
https://www.facebook.com/policies/ads/prohibited_content/personal_health

広告のポリシーは必ず全てに目を通してから広告を作成しましょう。知らずしらずにポリシー違反をしていたとしてもアカウントを削除される場合もあります

Chapter 06

利益率を飛躍的に上げるためにやるべきこと

配信数が多い縦型の動画広告を簡単に準備する

ストーリーズへの広告も表示されやすくなっている

Facebook広告、Instagram広告共に画像のみでも配信可能ですが、動画だとさらに反応が良くなりやすい傾向があります。Facebook広告では、通常のスクエアや横長の画像だけではなく、縦長の動画も多く配信されています。理由としては、インプレッション数が伸びやすいからです。

最近では若い世代だけでなく30～40歳代以上の中年層でもInstagramの利用者数が増えています。その影響もありFacebook広告のインプレッション数のうち、Instagram広告からのものが非常に伸びやすい傾向にあります。Instagramの観覧数が伸びている理由としては、投稿数が多い、色々な機能があることからメインで利用するSNSをInstagramに移行している方も多いためです。

閲覧数が増えているInstagramの中でも、特にインプレッション数が多いのが、アプリを開いたときに上に表示される「ストーリーズ」という部分です。ストーリーズは「ストーリー」と呼ばれることもあります。

●ストーリーズ

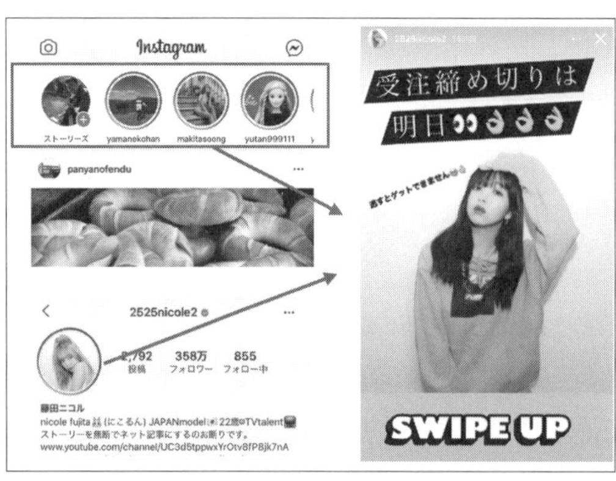

タイムライン上やユーザーのアイコンから見ることができるストーリーズ。タイムライン上のフォロー中ユーザーの合間にストーリーズ広告が挿入される

ストーリーズには、24時間で投稿が消えるという特徴があります。正確には、投降した本人のアカウント内にアーカイブされるので本人はいつでも見られる状態ですが、自分以外のユーザーには24時間しか表示されません。そのため気軽に投稿しやすく、Instagramのタイムラインよりもストーリーズに10倍以上投稿するというユーザーも増えています。

Facebook広告ではストーリーズ内（ストーリーとストーリーの間）にも広告を投稿することができます。ストーリーズは気軽に投稿できるからこそ、多くのユーザーが投稿し、同時に閲覧数も多い場所です。そして、ストーリーズ内の投稿には、スマホで撮影した縦型の動画が多いという特徴があります。

もちろん通常の広告と同様、画像+テキストでもストーリーズに広告を差し込むことは可能です。ですが、ストーリーズ内の投稿に合わせて縦型の画像広告、縦型の動画広告を使うことで、よりストーリーズの間に自然に入り込むことができ、インプレッション数が伸びやすい傾向にあります。

→ 縦型の動画はアプリで簡単に作成できる

ストーリーズへの投稿を意識した縦型動画の広告を作成することができると、より効果的にFacebook広告を使えるようになります。

縦型動画は通常の動画作成ソフトでも対応しているものがまだまだ少なく、作れる動画作成ソフトが限られています。Windowsであれば、ビデオスタジオ、Macのファイナルカットプロが縦型動画作成に対応していますが、共に高価な動画作成ソフトなので広告のために最初から導入するのはなかなか敷居が高いです。

ただ、パソコンでの編集には縦型動画は、これらの有料ソフトがなくても、無料のアプリで作成することができます。おすすめは、InShot（インショット）というアプリです。

InShot
https://apps.apple.com/jp/app/id997362197

縦型動画だけではなく、若いユーザー層がリアルに使っているので、反応の良いスタンプや絵文字などがアプリ内で用意されている。Android版もあります

InShotはプロ版や機能によっては有料課金もありますが、無料でも利用可能です。また、無料で作成した縦型動画を使用して広告を出稿したからといって、特に反応が悪くなることもないので、これで画像を作成し広告を出稿している方も多くいらっしゃいます。使い方は簡単で、動画や写真をつないで縦型の動画化をし、そこに文字を入れていくというシンプルなものなので直感的に使うこともできます。

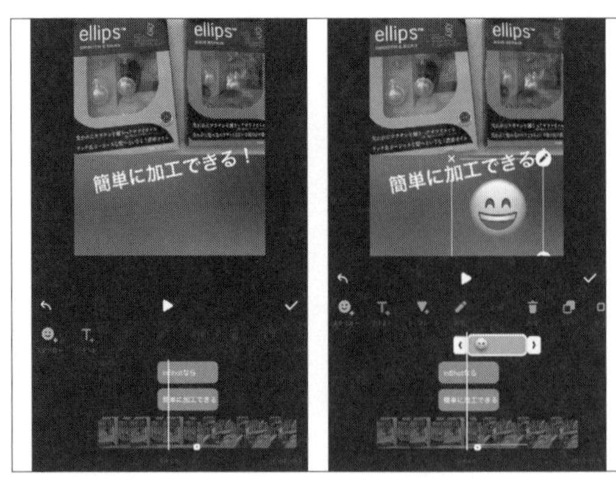

動画だけではなく画像を動画化することもできます。文字やスタンプを入れるとストリーズの雰囲気にもマッチした動画が出来上がります

このように画像を並べてスライドシューのような動画を作成し、その中でタイミングを合わせて文字を出したり消したりという編集が簡単にできます。

通常ストーリーズに配信される広告は、画像や動画+テキストという方式ですが、縦型動画の場合、テキストが表示されずに縦型の動画内のテキストのみで訴求をします。そのため、他の広告とは見え方が異なることに加え、ストーリーズの一般の投稿により近い形で広告を配信することができます。

縦型動画を使用することで、広告を自然な投稿に見せながらインプレッション数を伸ばすことが可能になるので、アプリで縦型動画を作る際はランディングページの内容を簡略化したものをテキストと画像でスライドショー動画として作成すると、広告を見た人が広告を見た時点で興味関心を高めた状態でランディングページに誘導することが可能になります。

最初は敷居が高く感じるかもしれませんが、縦型動画広告からの売上は今後必ず大きくなる分野なのですぐに取り組まなくても時間をかけて使いこなせるようにしていきましょう。

訪問者と類似オーディエンスを活用しよう

リターゲティングなど絞った広告配信で効果を高める

Facebook広告ではリターゲティングやカスタムオーディエンスなどの機能で、特定のユーザーに広告配信をすることができます。リターゲティングをするメリット、カスタムオーディエンスの使い方を紹介します。

Facebook広告では通常の配信の他に、一度自分のサイトを訪問した人向けに広告を配信する「リターゲティング」という手法があります。この「リターゲティング」はカスタムオーディエンスで設定したユーザーに対して改めて広告を出稿することを指すのですが、元々潜在層だったユーザーの悩みが顕在化しているので、ランディングページも簡素なもので再度アプローチしても成約率が高くなる傾向があります。

他にもカスタムオーディエンスの活用方法としては、すでに設定したオーディエンスと似た属性のユーザーを類似オーディエンスとして登録し、類似属性のユーザーだけに広告を出稿する方法もあります。購入完了のオーディエンスの類似オーディエンスであれば、購入する確率の高いユーザーに対してだけ、広告の配信を行うこともできます。類似オーディエンスはオーディエンス数を絞り込むため、CPCやCPMが高くなる傾向にありますが、無駄な配信に繋がりづらく、利益率が高い配信につながることも多いです。

カスタムオーディエンスの活用はFacebook広告のみでの集客だけで活用することも多いのですが、SEO対策をメインとした集客に応用することでも、効率良く売上アップにつなげることができます。

SEOで検索エンジンからの集客のみを行っている場合、最近であればスマホからのアクセスが8割から9割を超えるサイトも多いと思います。スマホからの訪問者の特徴として、隙間時間にアクセスするためアクセス数は増えますが、買い物をせずに離脱することが90%以上になることも非常に多くなっています。これはスマホの本来の機能は携帯電話なので、サイトを見ている途中に電話、LINE、メールが入ってきた、移動中で目的地に着いたなど、離脱するきっかけがたくさんあるためです。

そして、次にスマホを開いたときには先ほど見ていた内容は忘れて、また別のことをしているということも多いでしょう。この一度サイトを訪問して、買い物をせずに離脱した90%以上のユーザーを放置するということは、大きな売り上げの機会損失になってしまいます。

ユーザーを再び自社サイトに連れてくるのが困難

特にアフィリエイトの場合、一度の訪問で購入まで至らないと次に検索した時に同じ検索ワードで検索するとも限りませんし、自分のサイトに再び連れてくるのはかなり難しいと言えます。そこでそうした機会損失になっているユーザーを改めて集客するの役立つのが「リターゲティング」という手法です。

SEOでの集客をメインにしている場合でも、Facebook広告で自分のサイトに訪問した人に広告配信をすることで、売上の機会損失を少なくすることができます。準備はすごく簡単で、自分のサイトに訪問した人に広告配信をするために、SEOで集客しているサイトにもFacebookピクセルを設置し、サイトに訪問したユーザーをFacebook広告のカスタムオーディエンスとして設定します。このカスタムオーディエンスに対して、広告を配信していくことリターゲティング広告の配信がスタートできます。

自分のサイトへの訪問者のみに広告を配信することで、潜在層ではなく顕在層に近い、購入の可能性の高い人にターゲットを絞って訴求をすることが可能になりますし、スマホの特性でもあるユーザーが様々な媒体で情報を見ているというユーザー行動に対しても、検索エンジンだけではなく、Facebook、Instagramという入り口を気軽に増やすことにも役立ちます。

また、この方法は本格的に広告運用を始める前にも活用することができます。サイトの訪問者のみに広告を配信することで、低い予算で商品の購入につながる可能性があるユーザーへの訴求ができるため、ここから広告の配信を始めて利益ベースに乗せていくことで、敷居を低く広告運用を始めることができます。1日1000円前後の予算の配信でも利益が出ることもあるので、SEOでの集客をメインにしている場合でもカスタムオーディエンスを活用したリターゲティング広告は早めに取り入れるべきです。

Section 03 アカウントが停止にされてしまったら？

→ アカウントが停止されると広告の配信ができなくなる

Facebook広告を運営していると、アカウントが停止されてしまうことがあります。この記事では、アカウント停止になっても困らないための事前準備と、万が一、アカウント停止された場合の対処方法を紹介します。

Facebookの広告アカウントが停止されるということは、ビジネスマネージャ内にいくつかある広告アカウントのうち、一つが広告出稿できない状況になることです。広告アカウントが停止すると、広告マネージャにログインした時に、「広告を作成または編集できるのはアクティブなアカウントのみです」という赤いアラート画面が表示されます。この状態になると、広告を配信することはできません。

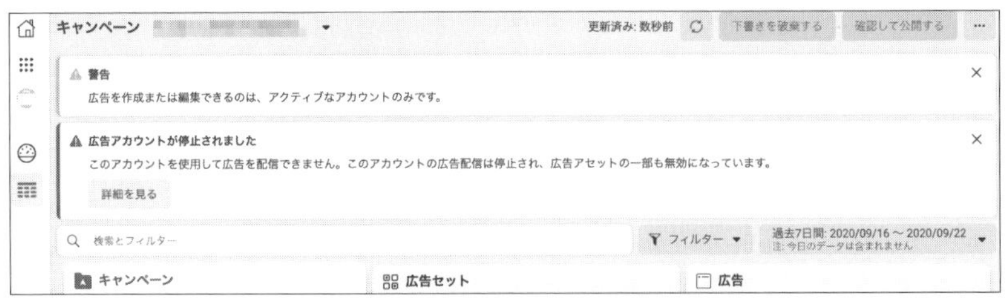

広告アカウントが停止された際に表示されるアラートの一例。【詳細を見る】の部分から停止理由についての詳細が確認できる。間違いの場合は審査リクエストを送ることも可能です

広告アカウントが停止された状態から復活するためには、広告マネージャの中から異議申し立てをする必要があります。「異議申し立てをする」「こちらからメッセージを送る」など文言は時期によって少しずつ異なりますが、自分からFacebook側に連絡できる項目があるため、そこから異議申し立てをします。ポリシーを守っているにもかかわらずアカウントが停止されてしまった場合には、その旨を伝え広告アカウントの再開を希望することで、再開できることもあります。

広告アカウントの停止に限らず、Facebook内のアクションのほとんどは、AIが自動的に行っています。異議申し立てをすることで、AIではなくFacebook内の審査を担当する人間が目視で審査を行います。その結果、AIの判断による広告アカウントの停止が不当だという場合は、復活することになります。

●アカウント停止の種類と対応策の一例

アカウントの状態	対応策の一例
個人アカウントに ログインできない	本人確認のため免許証や顔写真の提出を 求められるので提出し解除を待つ
不審なアクティビティの 検知によるログイン制限	本人確認のため免許証や顔写真の提出を 求められるので提出し解除を待つ
広告アカウントが停止される	ポリシー違反がない場合は異議申し立て をする
ビジネスマネージャが停止される	ポリシー違反がない場合は異議申し立て をする

※解除まで1週間から2週間ほどかかる場合もあり、審査結果によっては解除されないケースもあります

→ Facebookはどのように個人を特定しているのか？

Facebookに広告アカウントなどが停止された際に、別の個人アカウントを作って広告を運用するということを試みる人もいますが、その場合はFacebookがどのように個人を特定しているか？　という点を覚えておくべきです。

Facebookはネット回線のIPアドレスはもちろん、パソコンやスマホのMACアドレスでも個人の特定をしています。そのため個人アカウントが停止されたからスマホのSIMカードを変えて登録するだけでは、IPアドレスしか変わらないので同じ人が別名で登録した、ということがFacebook側にはバレてしまいます。

そのため別の個人として登録するのであればパソコンもスマホも別の端末、ネット回線も別のものになるような準備をするひつようがあります。ただ、基本的にはFacebookは複数アカウントを推奨していないので、上記

の点を踏まえても確実に個人アカウントが作れる、使用し続けられるかという保証はできないのでご注意ください。

➔ネガティブなフィードバックが原因なら

ただし、ポリシー違反が原因でアカウントが停止された場合は、復活されずにそのまま停止になってしまいます。そのため、ポリシーはしっかり守るようにしましょう。

また、ポリシーをしっかり守っていても、ネガティブなフィードバックが溜まった場合にアカウントが停止されることもあります。ユーザーは広告に飽きた、不快だと感じた場合、その広告に対してネガティブなフィードバックをすることができます。それが溜まったことが原因でアカウントが停止されたのであれば、異議申し立てをしてもアカウント停止の解除が行われる可能性は非常に低いです。

広告アカウントの停止以外にも、個人アカウントに一時的にロックがかかってしまうこともあります。

これは「不審なアクティビティ」というもので、いつもと違う端末でログインしたり、パスワードを頻繁に変えたりすると起こるセキュリティ機能のようなものです。他に「不審なアクティビティ」が起こりやすいのはビジネスマネージャにクレジットカードなどの支払い方法を追加した際です。具体的な事例でいうと、Facebook内で一枚のクレジットカードを複数名の個人アカウントで使いまわした場合などが該当します。クレジットカードは名義人本人の使用に限られますが、家族間でも複数の人で同じクレジットカードを使うと不審なアクティビティとして認識され、広告アカウントに一時的にログインできない状態になります。Facebook広告の支払い設定に関しては複数の管理者が設定できるようになっても、クレジットカードは一人の管理者が追加する、というルールを作っておくと「不審なアクティビティ」を避けることができます。

このように広告アカウントに一時的にロックがかかってしまった場合は、運転免許証や顔写真のついた身分証明書を送る必要があります。そして解除されるまで、1～2週間程度ログインできない状況が続き、広告が動かせなくなることがあります。

広告アカウントの停止以外にも、ビジネスマネージャの停止、個人アカウントの広告に関する権限のはく奪、個人アカウントの一時停止、個人アカウントの削除などが原因で、広告の設定を変更できなくなり、広告が配信され続けるケースがあります。そうなると、反応がよく広告で売上が上がっている場合は良いですが、反応が悪い広告の場合は、広告費がただ垂れ流されていくことになってしまうのです。

こうしたアカウントのロックや停止などで広告設定を変更できずに無駄な広告費を払い続けるという事態に陥らないためには、ビジネスマネージャ内に管理者を2人以上設定しておく必要があります。また、管理者全員が同時に不審なアクティビティなどが原因でアカウント停止にならないように、作業をしない予備の管理者を作っておくことが効果的です。

万が一の場合は、予備で登録している管理者が広告をストップさせるなど、広告運用を引き継げる状態にしておくと無駄な広告費がかかるリスクも軽減されます。そのためにも、ビジネスマネージャや広告アカウント内には必ず複数の管理者を設定しておきましょう。

世界に向けて広告を配信しよう

世界中をターゲットに配信できる

Facebook広告は、デフォルトでは日本のみに広告が配信される設定になっています。ですが、広告セットを設定することで、国をまたいで広告を配信することも可能です。特に飲食業や観光業の場合、英語で外国人に向けて広告を配信することで、世界中から顧客を集められるのです。世界に向けて広告を配信する方法を紹介します。

Facebook広告はデフォルトでは日本のみに配信する設定になっていますが、広告の配信対象として世界の国、都市を指定することで、日本だけでなく国を跨いで世界中に広告を配信することができます。

広告配信のターゲットは広告セットで設定しますが、「日本国内にいるメイン言語が英語の人」というように「エリア」だけでなく「使用言語」によるターゲット設定も可能です。Facebookに登録する際には使用言語を選びますが、日本人の場合はほとんどの方が「日本語のみ」で登録しています。ですが世界中にはさまざまな言語があり、例えばドイツ語と英語というように複数の言語を登録している外国人の方もいらっしゃいます。

特定のエリアに限定して広告を配信

世界に向けての広告を配信する具体的な方法としては、「日本国内にいて使用言語がドイツ語、英語の人」を観光客であると推測して、日本を訪れている外国人観光客向けの広告を出稿するということもできます。

飲食業や観光業だけでなく、特定の外国人向けのイベントやサービスなどを提供しているのであれば、特定のターゲットに向けて広告を配信することが可能です。配信エリアの指定に関しては、「最近この地域にいた人」「この地域を旅行中の人」など、特定の狭い範囲にいる人を設定することもできるので、細かいターゲットに向けて配信できます。

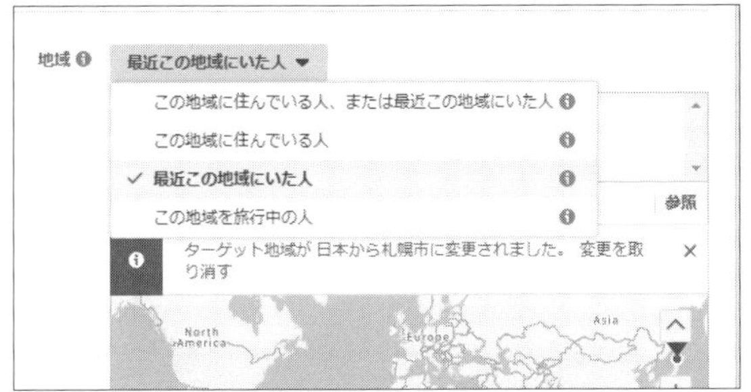

広告を作成する際に広告セットの設定内の「オーディエンス」→「地域」で旅行客への絞り込みが可能です。地域（県や国名）を指定し、「オーディエンス」→「その他のオプション」で言語を指定すれば外国人のみに配信ということできます

逆に「海外にいるメイン言語が日本語の人」に広告配信をすることもできます。例えば、「ドイツにいてメイン言語が日本語の人」に向けて、海外に移住、出張に行っている人向けのサービスを告知することも可能です。

アフィリエイトの場合は、日本国内に住んでいる人のみに向けたサービスがほとんどなので、海外に住んでいる人をターゲットに稼ぐのは難しいと思われるかもしれませんが、最近はASPでも海外向けのサービスを展開している会社が増えています。

アフィリエイトの場合、日本語で作った商品ページやランディングページを翻訳するASPを活用すれば、言語が日本語以外の外国人にもターゲットを広げることが可能です。

例えば、Link-AというASPは、日本製品の台湾語（中国語繁体字）の商品ページを作成し、「台湾に住んでいる台湾人」向けに商品を販売しています。さらに台湾向けの日本製品を取り扱っているだけではなく、自社で扱っている商品の広告を出稿する人向けに日本語で作ったランディングページを翻訳するというサービスも行っています。

こうしたASPを活用することで、日本語でしかランディングページを作成できなくても、翻訳し外国人向けに訴求するページを作ることができます。そして、Facebook広告で海外に向けて広告を配信することで、販路を世界に広げることが可能になるのです。

Facebook広告の活用方法を知ることで、日本だけでなく世界中のさまざまな国にターゲットを広げ、売上を上げることが可能になります。自社の商品やサービスが外国人に対して受け入れられるかを検討し、可能性があるのであれば、ぜひFacebook広告を活用してマーケットを世界に広げてみてください。

利益を倍増させるための運用テクニックとは？

→ 広告費を増やすことで、利益率が下がってくる

Facebook広告の運用がうまくいきはじめたら、他の広告媒体へも出稿していくのがおすすめです。売上が上がってきたからといって同一媒体で広告費を上げると、ROAS（投資した広告コストの回収率）が下がる場合があります。その場合の利益を倍増させる方法について解説します。

Facebook広告の運用がうまくいったら、予算を増やして更なる売上、利益の獲得を目指していくことになります。しかし広告費を増やせばそれに比例して売上、利益が上がるのではなく、一定のラインからは利益率が下がる場合が多いことを知っておく必要があります。

これは広告費が増えることで、オーディエンスのターゲットのサイズが広がっていくためです。AIがカスタムコンバージョンで類似のユーザーに対して、どんどん広告を表示させていくのがFacebook広告の仕組みですが、最適化がかけられるユーザーの人数は決まっています。広告費が増え、オーディエンスサイズが広がることで、本来最適化がかかるユーザーを薄めて配信を広げていく仕組みになっているため、広告費が一定ラインより増えると反応率が下がっていく傾向にあるのです。

Facebook広告に限らずどのような媒体でもそうですが、広告費が増えることで売上、利益の額は増えていきますが、利益率は下がる傾向にあります。

→ 利益率を下げずに売上を拡大する

ただし、Facebook広告の場合、ある程度の額までは利益率を下げずに売上を拡大する方法があります。それは広告アカウントを増やすという方法です。

AIによる最適化は、同じ広告画像、同じランディングページを使用して

も、表現や内容を少し変えておく、別の広告アカウントを使用する、異なる時期にキャンペーンを作成することで、最適化のオーディエンスの位置やサイズ、ターゲットとするユーザー層が少しずつ変わってきます。

少し内容を変えるだけで、最適化のかかるオーディエンスが微妙に異なってくるため、一つの広告アカウントの予算を増やすのではなく、増やした予算で複数の広告アカウントを運用することで、それぞれの広告アカウントで最適化されたユーザーに広告を配信することができます。そのため、利益率をある程度下げずに売上を拡大することが可能になるのです。

もちろんこの方法でも、一定のところで利益率は下がってしまいます。しかし、この方法を何度か繰り返し使うことで、利益率を下げずに、ぎりぎりまで売上を拡大していくことが可能になります。

さらにアフィリエイトなら利益が出た場合、同ジャンルの別の商品にチャレンジすることも一つの選択肢です。「ダイエット」というジャンルで、履いて痩せる商品が売れたのであれば、次は口に入れるサプリメントや青汁を扱ってみるなど、同じジャンルで別の商品にチャレンジします。そうすることで、売上を上げる方法はすでに分かっているため、ある程度同じように訴求ターゲットを設定し、ランディングページを作っていけば売上を上げられる可能性が高くなります。

また、アフィリエイトの場合は仮に広告配信中に商品の販売が終わっても、ジャンルや商品の悩みへの訴求が近い類似商品に移行すれば、Facebookの最適化機能が効いてくるので売上を落とさずに売上を継続させることが可能です。

→ 他の媒体でも潜在層に向けた広告配信にチャレンジ

Facebook広告で利益が出たら広告アカウントを増やすだけでなく、他の広告媒体にチャレンジすることでも売上、利益拡大につながります。例えばGoogle広告の中でもリスティング広告ではなく、GDNと呼ばれるさまざまな媒体に広告が表示されるもの、ポップインやグノシーなどアドネットワーク（複数の広告媒体を集めてネットワークをつくり、広告をまとめて配信する仕組み）の広告であれば、Facebookに似たような潜在層に向けた広告配信が可能です。

GDN（Googleディスプレイネットワーク）
https://ads.google.com/home/

検索結果に表示されるキーワード広告とターゲットに向けて様々なサイトで表示されるGDN、YouTube広告などが配信できる

PopIn
https://www.popin.cc/home/index.html

複数の広告媒体を集めてネットワークをつくり、広告をまとめて配信するアドネットワークの代表格。Facebook広告で利益が出た後に出稿する企業も多い

そのため、ある程度Facebook広告で成功したパターンを活用しつつ、テスト期間を短くしながら、反応の良い広告やランディングページを探るこ

とできます。

また、Facebook広告で出た売上、利益を元に広告運用ができるので、資金面、リスク面も心配せずに広告運用をはじめられるでしょう。

Facebook広告で成功した広告クリエイティブやランディングページがそのままでも十分利益の出るジャンルもあれば、広告の見せ方や訴求を少し変える必要のある媒体や商品もありますがFacebook広告で検証した結果は他の媒体でも大いに役立ちます。検証の方法としてもFacebook広告と同じくユーザー行動にそって広告の見直し、ランディングページのファーストビューの見直し、精読率のチェックなど順を追ってくことに変わりはないので、配信後に悪化している箇所を改めて検証することで失敗は少なくなっていきます。

またFacebook広告の運用がうまく行き始めたら、利益率を落とさないためにもFacebook広告内でも広告アカウントを分散させることをおすすめします。同じ広告アカウント内で予算を増やすとROASが悪くなっていても、広告アカウントを分けることで同じ予算でも配信の開始時期によってAIの最適化のかかり方が違うためROASへの悪影響が少なくなる場合があるからです。予算が増えてROASが悪くなった場合は1万円を1つのアカウントではなく5000円ずつを2つのアカウントで配信するなどの工夫をしてみてください。

情報をアップデートできる環境を作っておく

ウェブ集客のルールや手法は日進月歩

今回お話したFacebook広告についてのお話は僕自信が運用する中で経験したこともあれば、僕が運営するコミュニティ内で有志が情報提供をしてくれたり、仲間とともに検証した結果なども踏まえてお話ししているものもあります。

Facebookに限ったことではないですが、昨今のインターネットでの集客は日進月歩です。細かい仕様変更もあれば、大きな規約変更、社会情勢が大きく変わることでユーザー思考も変わっていきます。また、AIの進化もかなり早く、Facebook広告で言えば最適化のための配信ルール設定も少しずつ変わっていきます。そうした情報の変化を一人で収集し検証を続けるというのはとても非効率です。

そのため、僕は広告を使った集客を行っている人達が集まるコミュニティの主催をしています。僕自身の広告の検証結果やそこから得られ情報を提供したり、有志の方の情報を噛み砕いて解説し、そういったノウハウを元に得られた情報を提供してもらい、更に検証に生かしていく、というそれぞれにメリットが生じる双方向性のコミュニティになっています。

これからの時代は情報をどれだけ早く手に入れるかが非常に大切になっていきますので、同じ課題に取り組み、自分以外の成功や失敗を共有できるコミュニティには必ず在籍しておくべきだと考えています。

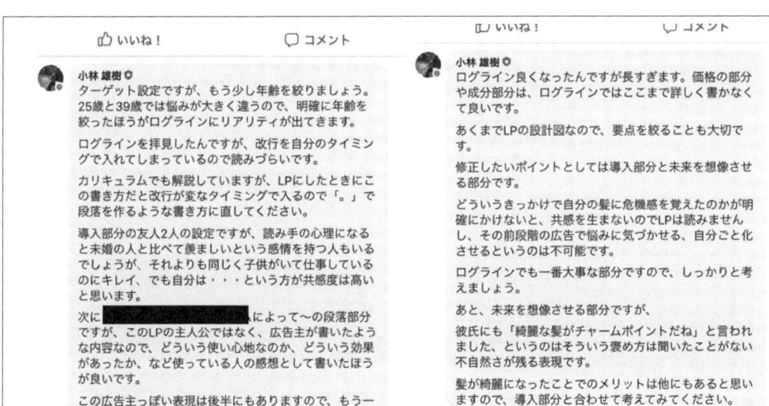

主催しているコミュニティでのログラインとランディングページの添削の様子。一人ひとり内容を確認し、出稿時点で大きな失敗がないように細かい修正を行っています

僕が主催しているコミュニティ内ではランディングページの添削結果の公開や、AIによるランディングページの添削も行っており、広告を配信前に大きなズレが生じていないかのチェックも行っています。この添削は、本書でも紹介したログラインの作成とランディングページのそれぞれの段階で、添削を行うためランディングページの完成度はもちろんですが、広告クリエイティブの訴求などもある程度固まって上で運用が開始できるというメリットがあります。

コミュニティ内にはFacebook広告を成功させ、継続して利益を上げるためのサービスが他にもたくさんありますので、Facebook広告をこれからスタートさせるという人はぜひご参加いただければと思います。詳しくは読者専用ページでもご案内しておりますので、興味があればぜひご覧いただければ幸いです。

おわりに

Facebook広告と関わるようになり5年以上になりますが、僕の周りでは良い変化が起こり続けています。僕自身もFacebook広告がきっかけでアフィリエイトで大きな成果が出て、ASPに表彰されるなど、これまで経験がなかったことが起こりました。さらに4年前に初めて僕がFacebook広告を指導していたアフィリエイターの山口さんは、当時の検索エンジンのアップデートで自サイトへの集客がほぼゼロになり、スタッフとして雇ってくれないか？　という連絡をしてきたのがきっかけで、本書でも解説している少額から配信できるFacebook広告運用をスタートしてもらいました。

スタート当初こそ、それまでのSEO対策がメインだった作業と違いがあり戸惑っていましたが、広告運用はSEO対策のようにGoogleの機嫌を取っていても、前触れや理由もなく、アクセスがなくなるということはありません。広告運用に関してはフェーズごとに明確な修正すべきポイントがあるため、それから3ヶ月もしないうちにFacebook広告からの売上だけで生活できる金額まで利益を伸ばしていきました。

それから4年たち山口さんは売上規模も大きくなり、会社を設立。現在は僕が主宰しているFacebook広告やGoogle広告の運用方法を指導しているMAAクラブ（Master AI Affiliate）というコミュニティの講師として、Facebook広告を活用したい方の指導に携わってくれています。プライベートでも仲良くさせて頂いてるのですが、Facebook広告がきっかけで良い方向に人生が動いてくれたんだと感じています。

もちろんこれは山口さんに限った話ではなく、MAAクラブ内でもFacebook広告で大きな売上を出している会社さんや、副業でFacebook広告を使ったアフィリエイトをしてサラリーマンの月収の3倍以上稼ぐ方、本業に活かし一気に昇進した方など様々な方がFacebook広告をきっかけに人生を好転させています。

僕自身が周りの人にもFacebook広告の良さを知ってもらうことは、

Facebook広告への恩返しだと思っています。

冒頭でもお話しましたが、これからはAIを活かせる人が活躍する時代です。本書を手にとっていただいたからには、ぜひ読んで終わりではなく、教科書として本書を活用していただきあなたの人生を変えるきっかけにしていただければ嬉しいです。

最後に本書を執筆するにあたり、編集のみならず、プライベートに関しても様々なお気遣いをいただいた山田様、業務のサポートをしてくださった山口すばるさん、山口理紗さん、はしこさんありがとうございました。またFacebook広告で成果を出せて、今の生活があるのは妻のサポートあってのことでした。本当にありがとう。また本書を手にとっていただいたあなたにも感謝するとともに、どこかでお会いできるのを楽しみにしています。

ありがとうございました。

小林雄樹

読者専用ページのご案内

読者専用ページのご案内

https://cv-create.com/secret

PASS **fbad**

著者紹介

小林 雄樹（こばやし ゆうき）

CV Create Ltd.代表

1982年北海道南幌町生まれ。約300の個人と会社が所属するMAAクラブ（Master AI Affiliate）を主宰し、Facebook広告をはじめとしたAIを使った広告運用・ランディングページの作成のアドバイスを行う。また広告運用・アフィリエイトのセミナーを全国各地で開催している。現在はマレーシアに拠点を移し、越境ECなど広告出稿も行っている。

ビジネスを加速させる
Facebook広告&Instagram広告制作・運用の教科書

2020年10月30日　初版第一刷発行
2022年7月26日　　　第五刷発行

著　者　　小林雄樹
発行者　　宮下晴樹
発　行　　つた書房株式会社
〒101-0025　東京都千代田区神田佐久間町3-21-5　ヒガシカンダビル3F
TEL. 03（6868）4254
発　売　　株式会社三省堂書店/創英社
〒101-0051　東京都千代田区神田神保町1-1
TEL. 03（3291）2295
印刷／製本　シナノ印刷株式会社

ISBN978-4-905084-39-6